Die Weine
aus Südafrika

FALKEN

Vinoteca

Wolfgang Faßbender

Die Weine aus Südafrika

Das Kap der guten Weine

Wie sich der südafrikanische
Weinbau entwickelte – von
den ersten importierten
Reben bis zum Qualitäts-
sprung der letzten Jahre.

Seite 8

Der Weg zum Wein Ihrer Wünsche

Was die Weine aus Südafrika
so unverwechselbar und
einzigartig macht.

Seite 16

Die Weintypen Südafrikas

Ein kompletter Überblick
über die Weinbauregionen
Südafrikas, über Rebsorten
und Qualitätsstufen.

Seite 34

**Karte der südafrikani-
schen Anbaugebiete**

Seite 36

Die perfekte Harmonie: Wein & Speisen

Die Vielfalt der Speisen aus Südafrika und die dazu passenden Weine.

Seite 50

Die schönsten Güter, die besten Weine

Ein Führer zu den berühmten Produzenten, den engagiertesten Newcomern, den Geheimtipps.

Seite 56

Die Vinoteca-Empfehlungen: Die Weine mit dem besten Preis-Wert-Verhältnis

Seite 71

Gut einkaufen, klug einkellern, richtig servieren

Eine praktische Anleitung, wo Sie die Weine Ihrer Wünsche am besten einkaufen, wie sie gelagert und wann sie getrunken werden sollen.

Seite 72

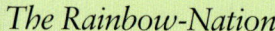

The Rainbow-Nation

Regenbogen-Land nennen die Südafrikaner ihre Nation – in Anspielung auf die faszinierende Mischung der Kulturen und Hautfarben. Diese Cuvée von Traditionen und Bräuchen setzt sich auch im Weinland Südafrika fort.

Für mich sind die Cape-Winelands eine Kombination aus Toskana, Côte d'Azur und kalifornischem Napa Valley – und diese Melange findet sich auch in den erzeugten Weinen wieder. Ohne dass man indes von Imitationen sprechen dürfte: Die südafrikanischen Gewächse besitzen ein eigenes Profil.

Mit Stolz blickt man am Kap auf eine über 300-jährige Weinbautradition zurück. Die Öffnung der Märkte, bedingt durch die politische Wende Anfang der Neunzigerjahre, ermutigte zu Investitionen. Nicht nur das Engagement und die Begeisterung für Experimente sind heute bei den führenden Weingütern Südafrikas groß, auch die Technik ist auf dem neuesten Stand.

Viele Betriebe produzieren in immer stärkerem Maße Weine, die einen Vergleich mit den besten Tropfen der Welt nicht zu scheuen brauchen.

W. Näkel

Werner Näkel
Winzer an der Ahr (Weingut Meyer-Näkel)
und in Südafrika (Zwalu)

Das Kap der guten Weine

Selten lässt sich der Beginn einer Weinbautradition so präzise festlegen wie in Südafrika. Bald nach der ersten Besiedlung der Kapregion durch Europäer wurden Reben gepflanzt. Nach einem Auf und Ab, nach erfolgreichen Epochen und veritablen Krisen, begann mit dem Ende der Apartheid eine neue Ära des südafrikanischen Weines.

Die Stunde null des Kapweinbaus schlug am Abend des 7. April 1652. Jan van Riebeeck betrat im Auftrag der Holländisch-Ostindischen Gesellschaft in der Table Bay südafrikanischen Boden. Reben fand seine Expedition nicht vor – sie waren zu dieser Zeit unbekannt am Kap.

In den ersten Tagen dürften die Kolonisatoren noch anderes im Sinn gehabt haben, als Wein anzubauen. Eine Versorgungsstation für den Schiffsverkehr ums Kap herum wurde errichtet: der eigentliche Zweck der Landung. Doch schon bald muss Riebeeck, ein ausgebildeter Wundheiler, die Eignung des Klimas für den Rebanbau erkannt haben. Wein war damals nicht nur ein Genuss-, sondern auch ein haltbares Lebensmittel für die auf Langstrecken segelnden Schiffe.

Weingut mit jahrhundertelanger Tradition: Der Name von Kanonkop geht auf eine Kanone zurück, mit der einfahrende Schiffe begrüßt wurden.

Die ersten Reben treffen ein

Nur zwei Jahre nach den Siedlern trafen die ersten Reben am Kap ein. Um welche Sorten es sich handelte, ist in Riebeecks Notizen nicht überliefert. Möglicherweise stammten einige der Stöcke aus Deutschland. Am 2. Februar 1659 war es dann so weit: Der erste Most floss aus der Kelter. Riebeeck selbst berichtete darüber in seinem Tagebuch (»Der Herr sei gepriesen«) und erwähnte ausdrücklich die Muskatellerrebe.

Links: Von Constantia blickt man auf die Waterfront von Kapstadt. Direkt hinter der Metropole befindet sich eines der bekanntesten Anbaugebiete Südafrikas.

9

Steckbrief der Weinwirtschaft

111 000 ha Gesamtrebfläche
101 000 ha bestockte Reb-
fläche (ohne Tafeltraubenerzeugung)
8–9 Mio hl
5 Weinbauregionen
14 Districts
43 Wards
92 registrierte Estates
315 weinverarbeitende
Betriebe insgesamt
4 700 Winzer
350 000 Farmarbeiter

Rebsorten

Chenin blanc 27 %
Sultana 11 %
Colombard 11 %
Chardonnay 5 %
Cabernet Sauvignon 5 %
Sauvignon blanc 5 %
Hanepoot 5 %
Cinsault 4 %
Pinotage 4 %

Dem guten Willen und dem günstigen Klima zum Trotz dürften die ersten Kapweine selten herausragende Güte erlangt haben, unter den Siedlern waren kaum gelernte Winzer. Vor allem der Transport nach Batavia (Djakarta), dem Sitz der Holländisch-Ostindischen Gesellschaft, wird ihnen nicht gut getan haben. Zeitgenössische Quellen berichten wiederholt von Mängelrügen.

Zwei weitere Daten sind von Bedeutung für den Weinbau: 1679 wurde nach Kapstadt der Ort Stellenbosch gegründet, das heutige Zentrum des südafrikanischen Weinbaus. Und 1688 strömten französische Hugenotten ins Land, um sich in Franschhoek niederzulassen. Ob die Franzosen Weinkenntnisse und Reben aus ihrer Heimat mitbrachten? Möglich, aber nicht mehr nachzuweisen.

Constantia entsteht

Unter Simon van der Stel, einem der Nachfolger Riebeecks als Kommandeur und später Gouverneur der Kolonie, nahm der Weinbau einen ungeahnten Aufschwung. Van der Stel trank nicht nur selbst mit Vergnügen besten Wein, er gründete auch das Weingut Constantia zwischen Indischem und Atlantischem Ozean. Auf diesem Terroir, von Granitböden geprägt und kühlen Winden ausgesetzt, ließ er Reben pflanzen. Bis sich der hier erzeugte Wein aber seinen heute noch legendären Ruf verdiente, sollten noch einige Jahrzehnte vergehen.

Im 18. Jahrhundert war der südafrikanische Weinbau ganz und gar von der weltpolitischen Großwetterlage abhängig. Die vergleichsweise wenigen Bewohner der Kapkolonie – im Jahre 1707 kaum mehr als 1 600 Menschen – konsumierten weit weniger Wein, als erzeugt wurde. Zeiten des Wohlstands wechselten mit Krisen.

Der Einfluss französischer Hugenotten in Südafrika ist heute noch an vielen Orten spürbar.

Zeittafel des südafrikanischen Weinbaus

1652: Besiedlung unter Jan van Riebeeck
1654: Die ersten Reben werden aus Europa ans Kap geliefert
1659: Der erste südafrikanische Wein fließt aus der Kelter
Ende 17. Jh.: Private Weingüter entstehen, unter ihnen Constantia (1685)
Erste Hälfte 18. Jh.: Die Holländisch-Ostindische Gesellschaft ist Hauptabnehmer der Kapweine
Ab Ende 18. Jh.: Südafrikanischer Wein aus Constantia genießt in Europa Ansehen
1795: Die Briten übernehmen die Herrschaft am Kap – mit zunächst großen Vorteilen für den Weinbau
Ab 1886: Die Reblaus befällt die südafrikanischen Reben
1918: Gründung der Genossenschaftskellerei KWV
2. Hälfte 20. Jh.: Die Apartheidspolitik führt zur Isolation des Landes und zur Stagnation im Weinbau
Ab 1991: Nach dem Ende der Apartheid setzt ein ungeahnter Aufschwung im Weinbau ein

Als die Ostindische Gesellschaft 1755 den Bezug von Kapweinen herunterschraubte (ein Indiz für die mangelhafte Qualität), ging es den Gutsbesitzern von Stellenbosch plötzlich gar nicht mehr gut, sie suchten ihr Heil in privaten Exporten in die Niederlande. 1795 übernahmen die Briten die Macht in der Kapkolonie von den Holländern – eine zunächst dem Weinbau förderliche Entscheidung, denn das Vereinigte Königreich gestand seiner neuen Errungenschaft günstige Zölle zu. In dieser Zeit entstanden viele der prächtigen reetgedeckten Gebäude im kapholländischen Stil.

Anfang und Mitte des 19. Jahrhunderts stellte man an den Fürstenhäusern Europas den »Vin de Constance« gleichberechtigt neben Tokayer und Madeira. Doch alle anderen südafrikanischen Weine taten sich schwer im Export, schmückten sich mit Namen wie Port oder Cape Madeira und entwickelten kaum eigenes Profil. In der zweiten Hälfte des 19. Jahrhunderts begünstig-

Südafrikanische Portweine, die ihrem Namen im 19. Jahrhundert nicht ganz gerecht wurden, sind heute von teilweise beachtlicher Qualität und im eigenen Land sehr beliebt.

ten die Napoleonischen Kriege und die Kontinentalsperre den Export südafrikanischer Weine. Doch just um diese Zeit suchten auch Rebkrankheiten das Kap heim – vor allem die Reblaus hatte verheerende Folgen.

Die Ära der KWV

Nach dem Ersten Weltkrieg befand sich der südafrikanische Weinbau wiederum in einer ernsten Krise. Der Weinfarmer Charles Kohler gründete schließlich eine Genossenschaft namens Kooperative Wijnbouwers Vereniging van Zuid Afrika, die KWV. Eine Institution, die nach und nach den Weinbau des ganzen Landes kontrollierte, Preise stabilisierte, Überschüsse aufkaufte und Brandy destillieren ließ. Fast 95 Prozent aller südafrikanischen Weine wurden in den 1970er- und 1980er-Jahren von der KWV vermarktet, im Export besaß sie ein Monopol. Gegen diese Übermacht hatten es die unabhängigen Güter schwer. Nur eine Hand voll unbeirrter Farmer besaß den Mut und den Willen, wirklich hochwertige Weine zu erzeugen. Darunter auch einige Deutsche – der Schwabe Günter Brözel auf Nederburg ist der bekannteste.

Südafrikas Weinbau vor dem Ruin

In den Siebzigern und Achtzigern des 20. Jahrhunderts lag der südafrikanische Weinbau weitgehend darnieder. Die Apartheidspolitik und die Unbeweglichkeit der KWV hatten ganze Arbeit geleistet. Notwendige Investitionen in den Farmen wurden unterlassen, die Rebbestände waren überaltert, neue, aus dem Ausland importierte Klone durften nicht gepflanzt werden. Selbst die wenigen Erzeuger mit Qualitätsanspruch rauften sich die Haare: Kaum jemand wollte ihren Wein trinken. Schon gar nicht die Südafrikaner, bis heute eher Bier- als Weingenießer.

Doch einige Winzer erkannten, dass es so nicht weitergehen konnte: Der Keim für den Aufschwung der Neunzigerjahre wurde im Jahrzehnt zuvor gelegt: mit Achim von Arnim im Cabrière Estate (S. 60), mit Beyers Truter von Kanonkop (S. 62) oder der Renaissance von Klein Constantia (S. 63).

Das Ende der Apartheid

Der politische Umschwung am Kap seit 1991 kam wie ein warmer Regen über die südafrikanische Weinwirtschaft. Plötzlich waren sie auf den internationalen Märkten gefragt wie noch nie, die Erzeugnisse aus Stellenbosch oder Paarl. Und zwar vor allem die Rotweine, wie die Winzer erschrocken feststellen mussten. Denn vier Fünftel der in Südafrika gepflanzten Reben waren weiß. Die Anbauflächen von Cabernet Sauvi-

Südafrikanischer Wein

Wurden im Jahre 1991 noch bescheidene 23 Millionen Liter exportiert, stieg diese Zahl 1998 auf stolze 117 Millionen Liter. Deutschland ist, mit weitem Abstand hinter Großbritannien und Nordirland, das zweitwichtigste Exportland. 1998 wurden rund 9,8 Millionen Liter in die Bundesrepublik geliefert, sieben Prozent mehr als im Jahr zuvor.

Südafrika selbst ist eher ein Land der Biertrinker als der Weingenießer. Der Weinkonsum beschränkt sich im Wesentlichen auf den weißen Teil der Bevölkerung. Pro Kopf und Jahr werden im Durchschnitt nur neuneinhalb Liter getrunken.

In den Neunzigerjahren des 20. Jahrhunderts investierte der Deutsche Friedrich Laibach in das aus dem Jahr 1818 stammende gleichnamige Gut.

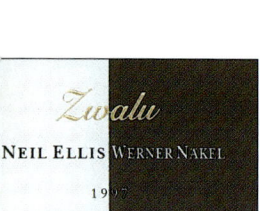

»Zwalu«, das Gemeinschaftsprodukt von Neil Ellis und dem Deutschen Werner Näkel.

gnon und Merlot, von Shiraz und Pinotage stiegen in der Folgezeit rasant. Aber auch die international beliebten Weißweinsorten Chardonnay und Sauvignon blanc wurden und werden neu gepflanzt, während der einst dominierende Steen (Chenin blanc) und Hanepoot (Muscat d'Alexandrie) rapide an Bedeutung verlieren.

Der Wandel am Kap ist aber nicht nur im Rebsortenspiegel zu betrachten. Neue Kellereien entstanden, dahinsiechende Güter wurden zu neuem Leben erweckt. Vielfach mit ausländischen Investitionen: So engagieren sich Schweizer und Franzosen, US-Amerikaner und nicht zuletzt Deutsche im Kapweinbau; südafrikanische Weinmacher erwarben während eines Weinbaustudiums an der Forschungsanstalt in Geisenheim im Rheingau modernes Wissen.

Und auch deutsche Spitzenwinzer merken, wie gut sich in der hiesigen Winterpause eine Nebentätigkeit im heißen Kap-Sommer ausführen lässt. Werner Näkel von der Ahr brachte zusammen mit dem Südafrikaner Neil Ellis den Rotwein Zwalu (S. 66) heraus, im Weingut Mont du Toit (S. 65) keltern Bernhard Breuer aus dem Rheingau und Bernd Philippi aus der Pfalz einen der besten südafrikanischen Weine. Der politische Wandel ist dagegen auf den meisten Gütern noch kein Thema: Weingutsbesitzer und Winemaker sind fast durchweg weiß, Schwarze bewältigen die Arbeit auf den Weinfeldern.

Die Zukunft des Kapweinbaus
Wie seit eh und je beschränkt sich der südafrikanische Weinbau fast ausschließlich auf die Provinz Western Cape, doch hier verlagert sich das Geschehen mehr und mehr in die kühleren Regionen des Landes, in die Nähe der Ozeane oder in die hoch gelegenen Gebiete.

Zu den Regionen mit Zukunft zählen etwa Durbanville in der Nähe von Kapstadt, Walker Bay oder Elgin. Neben die traditionell großen Farmen und Kooperativen mit häufig mehreren hundert Hektar Rebfläche traten kleine, feine »boutique-wineries«. Die Experimentierlust der jungen, ehrgeizigen Winemaker ist ungebrochen, und wer sich nicht anstrengt, fällt im Rennen um den besten Wein schnell zurück. Bekannte Winzer wie Gyles Webb von Thelema Mountain (S. 68) sind ganzjährig ausverkauft und können die enorme Nachfrage nicht mehr befriedigen. Andere Güter (wie Slaley, S. 67) beginnen gerade erst, sich einen Namen zu machen. Und einstmals behäbige Großkellereien verblüffen mit Weinen im obersten Qualitätssegment.

Ob sich die Modesorten Cabernet Sauvignon (reinsortig bzw. in Verschnitten mit Cabernet franc und Merlot) und Chardonnay durchsetzen werden – oder ob die Zukunft Sauvignon blanc, Pinotage und Shiraz gehört, wird sich zeigen. Sicher ist: Kaum ein Weinbauland der Welt entwickelt sich so rasch wie Südafrika.

Weinbau im gesellschaftlichen Umfeld

Die frappierenden Gegensätze zwischen Arm und Reich sind im ganzen Land und so auch auf den Weinfarmen überdeutlich. Wenngleich die Farbigen und Schwarzen nicht mehr mit Alkohol – wie früher –, sondern mit Geld entlohnt werden, so hat sich an den Strukturen im Weinbau bislang nur in Ansätzen etwas geändert. Die ersten schwarzen Stipendiaten studieren an der Stellenbosch-Universität, und einige Farmen stellen ihren farbigen Mitarbeitern Parzellen zur eigenen Bewirtschaftung zur Verfügung.

Eine Ausnahme ist das Projekt Tukulu auf der Papkuilsfontein-Farm in Swartland. eine Kooperation zwischen der Stellenbosch Farmers' Winery und schwarzen Anteilseignern.

Nach wie vor sind Farbige in den Weingütern als einfache Arbeiter tätig.

Der Weg zum Wein Ihrer Wünsche

In diesem Kapitel lernen Sie die Vielfalt südafrikanischer Weine kennen und erfahren, welche Faktoren für die Qualität eines Weines wichtig sind. Die Vinoteca zeigt Ihnen Schritt für Schritt, wie Sie bei der Weinauswahl vorgehen und welche Kriterien Sie beim Einkauf berücksichtigen sollten.

Bevor man sich Gedanken darüber macht, welchen Wein man kaufen möchte, sollte man wissen, was einem schmeckt und worauf man Wert legt. Ist es die Rebsorte, der Jahrgang, der Winzer, die Geschmacksrichtung? Wer sich mit diesen vier Fragen auseinander setzt, kann sich einen Überblick über die Vielfalt südafrikanischer Weine verschaffen und wird den passenden Wein für jede Gelegenheit und jeden Geschmack finden.

Zur Qualitätsbestimmung eines Weines sind vor allem folgende Fragen zu beantworten:

a   Aus welcher Rebsorte stammt der Wein?
b   Welches »Terroir« (Bodenbeschaffenheit und Klima) hatte Einfluss auf die Reben?
c   Wie erfolgten der Anbau im Weinberg und der Ausbau im Keller?
d   Wie war der Jahrgang?

All diese Faktoren bestimmen die Qualität eines Weines. Um Ihnen die Übersicht zu erleichtern, haben wir die nebenstehenden Symbole entwickelt, die Sie durch dieses Buch führen werden.
Über die Qualität der Weine informiert die Anzahl Sterne von ★ bis ★★★★★.

Folgende Kriterien bestimmen die Qualität des Weines

Rebsorte

Terroir

Winzer

Jahrgang

Weinqualität

Links: Die Merlot-Traube ist eine der Sorten, die für Weine im Bordeaux-Stil genutzt werden.

Entscheidungskriterien beim Einkauf

Bevor Sie einen Wein kaufen, sollten Sie folgende Fragen klären:

A Soll es ein Rotwein ♥ oder ein Weißwein ♀ sein? Trinken Sie lieber trockene oder liebliche Weine? Möchten Sie einen leichten oder gehaltvollen Wein?

B Suchen Sie einen Wein zum sofortigen Genuss ▮ oder soll er gelagert werden ▬?

C Möchten Sie den Wein zum Essen trinken ◗ und um welche Art von Essen handelt es sich?

D Was wollen Sie für den Wein bezahlen? Die in diesem Buch angegebenen Preissymbole ❶ – ❺ sind Ihnen bei der Auswahl behilflich.

Die Vielfalt der Weine aus Südafrika

In den Weinbergen Südafrikas wächst eine beeindruckende Vielfalt an weißen und roten Weinen. Leichte, frische Sauvignon blancs, Chenin blancs oder kräftige, holzfassgereifte Chardonnays bei den weißen Sorten, fruchtige Cinsaults oder mächtige Shiraz und Cabernet Sauvignons bei den roten. Eine Spezialität des Landes ist der rote Pinotage, eine südafrikanische Neuzüchtung. Nicht zu vergessen die Süßweine im Portwein- oder Beerenauslesestil, die üppigen, mit Alkohol verstärkten Muskateller – und die raren, aber beachtlichen Schaumweine. Vielfach werden Bordeauxflaschen mit 0,75 Liter Inhalt verwendet, doch sind auch andere Flaschenvarianten üblich.

Drei Beispiele für die Vielfalt südafrikanischer Weine

Südafrika bietet für jeden Geschmack den passenden Wein. Sei es zum sofortigen Trinkgenuss, zum Sonntagsessen oder zur Lagerung, den Möglichkeiten sind keine Grenzen gesetzt. Die Preise für diese Weine sind sehr unterschiedlich.

❶ ab DM 8,– / € 4,–

🍶 Beispiel eines Trinkweins: 🍷 Ein Chenin blanc eines guten Weinguts. Im Alter von ein bis zwei Jahren am besten. 🦪 Austern und gedünsteter Fisch, der Sommerwein schlechthin. Mehr dazu: S. 38.

❸ ab DM 21,– / € 10,–

🍾 Beispiel eines Lagerweins: 🍷 Eine Cuvée im Bordeauxstil aus einem der aufstrebenden Weingüter. Fruchtig, schokoladig, würzig. Unbedingt reifen lassen. 🦪 würziger Käse, Rindfleisch oder Wild. Mehr dazu: S. 38.

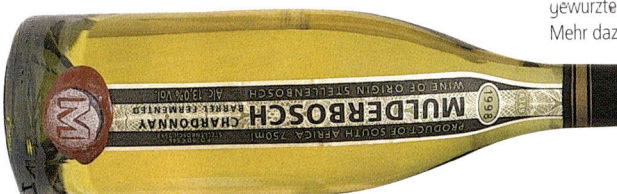

❹ ab DM 41,– / € 20,–

🍾 Beispiel eines Spitzenweins: 🍷 Ein großer Chardonnay, im Barrique vergoren, von einem bekannten Weingut. 🦪 Hummer, kräftige Fischgerichte oder asiatisch gewürzte Speisen. Mehr dazu: S. 38.

Weiße Reben dominieren am Kap – bislang jedenfalls

Die Chenin-blanc-Rebe stammt ursprünglich aus Frankreich, aus Anjou.

In den ersten Jahren des südafrikanischen Weinbaus dürften bereits viele der heute angebauten Sorten ins Land gekommen sein. Wurde im 17. und im 18. Jahrhundert der Muskateller (in seinen verschiedenen Varianten) hoch geschätzt, so haben sich längst andere Reben für den Qualitätsweinbau durchgesetzt. Noch immer freilich ist Südafrika ein Weißweinland: Chenin blanc allein bedeckt mehr als ein Viertel der gesamten Anbaufläche, 75 Prozent aller Kapreben sind weiß.

Die Nachfrage nach Rotwein steigt

Mit dem Ende der Apartheid sahen sich die südafrikanischen Winzer allerdings mit einem Problem konfrontiert. Für Weißwein interessierte man sich in den USA oder in Europa nur mäßig, alle Welt fragte nach Rotweinen vom Kap. Die Winzer reagierten so schnell wie möglich – Cabernet Sauvignon, Merlot und Shiraz wurden und werden vermehrt gepflanzt. Doch es dauert nun mal ein paar Jahre, bis frisch gesetzte Reben ihren ersten Ertrag bringen. Bis es so weit sein wird, muss der südafrikanische Weinbau mit einem Überangebot an Weißweinen leben.

Rebsorten mit Zukunft, deren Anbaufläche in den letzten Jahren zugenommen hat

Sauvignon blanc
Chardonnay
Pinotage
Merlot
Shiraz
Cinsault
Cabernet Sauvignon

Vielfalt der weißen Sorten

Chenin blanc, die auch an der Loire in Frankreich mineralische, frische Weine ergibt, gilt in Südafrika fast als Nationalheiligtum. Der traditionelle Begriff Steen verschwindet für die anspruchsvollen, üppigen Chenin blancs immer mehr, viele Weinbaubetriebe bezeichnen nur noch ihre einfachsten Weißen mit diesem auf »Stein« zurückzuführenden Begriff – wenn überhaupt. Welche Zukunft eine in der Weinwelt so rare Rebsorte wie Chenin blanc haben wird, ist umstritten und wird heiß diskutiert. Ihr Anteil an der Rebfläche geht seit einiger Zeit zurück und dürfte auch in den nächsten Jahren weiter fallen. Tatsache ist jedenfalls: Diese Traube vermag bei entsprechend geringem Ertrag und in guten Jahren mineralische, frische, aber auch üppige, fruchtige Weine zu liefern, die eigenständigen Charakter besitzen und auch den Ausbau im Barrique vertragen.

Eine gesicherte Zukunft haben allemal die internationalen Sorten Chardonnay und Sauvignon blanc (auch Blanc Fumé genannt). Ihre Anteile in den Weinbergen steigen vor allem in den kühleren, küstennahen Regionen, sie werden sowohl im Holz wie auch im Tank (un wooded) ausgebaut.

Andere Sorten dürften es da schwerer haben: Unter den ersten Reben, die im 17. Jahrhundert nach Südafrika verschifft wurden, könnten einige deutsche gewesen sein. Vielleicht auch Riesling, der heute drei Prozent der Rebfläche beherrscht. Der Cape Riesling – ein Synonym für die ursprünglich aus Frankreich stammende Rebsorte Crouchen – darf freilich nicht mit dem echten, dem Rhine (oder Weißen) Riesling verwechselt werden. Aus Letzterem keltert man oft die raren Süßweine nach deutschem Vorbild, die Special Late Harvests oder die deutlich von Botrytis (Edelfäule) geprägten Noble Late Harvests. Meist fehlt ihnen freilich der Schuss Säure, um sie mit den Pendants von Rhein oder Mosel konkurrieren zu lassen.

Eher den elsässischen Vertretern ähneln die südafrikanischen Gewürztraminer – kraftvoll, mit dunklen, würzigen, seltener floralen Noten. Eine gesicherte Nische hat sich die Semillon-Rebe erobert, und Weine der aus Frankreich stammenden Viognier gehören seit neuestem zu den gesuchtesten Spezialitäten am Kap.

Stark eingetrocknete Trauben für die raren »Noble Late Harvests«.

Rebsorten

Pinotage: Eine Kreuzung von Cinsault (Hermitage) und Pinot noir.

Shiraz: Hochwertige Rebsorte, gelegentlich auch als Syrah bezeichnet. Ergibt tief farbige, würzige Rotweine.

Cabernet Sauvignon: Spät reifende, relativ robuste Sorte mit kleinen Beeren. Ergibt fruchtige, gerbstoffreiche Weine.

Steen: Die auch Chenin blanc genannte Sorte kann leichte, anspruchslose Weine ergehen, ist aber auch für mineralische, würzige Spitzengewächse gut.

Chardonnay: Einer der Renner im modernen Kapweinbau. Der Chardonnay eignet sich ausgezeichnet zum Ausbau im Barriquefass.

Sauvignon blanc: Die Sorte bietet ein reiches Aromenspektrum – von grüner Paprika bis zu Mango – und frische Säure.

Pinotage ist die einzige in Südafrika gezüchtete Rebsorte, die es auf dem Markt gibt; eine Spezialität.

Rebkrankheit

Zahlreiche Rebflächen in Südafrika wurden in den letzten Jahrzehnten vom Blattrollvirus befallen. Die dunklen Farbtöne der befallenen Stöcke sind in den Anbauflächen deutlich von den gesunden zu unterscheiden. Virusfreie Reben werden verstärkt gepflanzt, doch für die nächsten Jahre wird man mit diesem Problem noch leben müssen.

Pinotage – Südafrikas rote Spezialität

Auf diese Kreuzung aus Cinsault und Pinot noir sind die Südafrikaner mächtig stolz. Zu Recht, schließlich kommt es nicht alle Tage vor, dass eine Neuzüchtung einen so großen Erfolg hat. Erfunden wurde die Kreuzung vom Inhaber des Weinbau-Lehrstuhls an der Universität von Stellenbosch, dem heute berühmten Abraham Perold. Das war 1925, aber es sollte noch lange dauern, bis die ersten Weinberge angelegt wurden. Jener Wein schließlich, der unter dem Begriff Pinotage erstmals 1961 vermarktet wurde, war ein 1959er Lanzerac der Stellenbosch Farmers' Winery.

Pinotage hat heute seinen festen Platz in der Rebsortenstruktur des Landes und sein Anteil steigt sogar leicht. Fast alle Experten sind sich einig, dass Beyers Truter von Kanonkop einen der besten Pinotages Südafrikas herstellt – aber immer mehr Konkurrenten schließen mit tief dunklen, betont fruchtigen, manchmal nach Bananen, häufig nach Blaubeeren oder Pflaumen duftenden Weinen zum Spitzenreiter auf. Diese Sorte verträgt den Barrique-Ausbau gut.

Ein Problem des Pinotage macht sich in den letzten Jahren immer häufiger bemerkbar: die deutliche Bitternote. Welche Ursachen dieser in einigen Fällen durchaus unangenehme Geschmackston hat, ist trotz intensiver Forschung noch nicht geklärt.

Siegeszug der Cuvées im Bordeauxstil

Kaum ein anspruchsvolles Weingut in Südafrika, das heute nicht eine Cuvée (Verschnitt) aus Cabernet Sauvignon, Cabernet franc und Merlot abfüllt. Die drei Sorten werden erst seit einigen Jahren, nach der Zulassung ausländischer Klone, in verstärktem Umfang gepflanzt. Ihr Siegeszug hat gerade erst begonnen. Noch zwei andere Rebsorten dürften sich im Gefolge der Bordeauxsorten behaupten. Cinsault und vor allem Shiraz, manchmal auch Syrah genannt. Viele Kenner behaupten, dass Letzterer die Zukunft am Kap gehört, ergibt die Sorte in Südafrika doch elegante, würzige, nur selten aufdringliche Gewächse.

Und die übrigen Rotweinsorten? Niemand kann die Vielzahl der Varietäten zählen, die von Winemakern in ihrem Experimentierdrang gepflanzt werden. Mourvèdre ist ebenso darunter wie Barbera, die Sorten Malbec und Petit Verdot komplettieren das Bordeauxspektrum. Aus Pinot noir werden einige hochwertige Rote hergestellt, von Hamilton Russell (S. 62), Bouchard Finlayson (S. 59) oder Meerlust (S. 64). Ruby Cabernet, eine Kreuzung aus Cabernet Sauvignon und Carignan, sowie die Carignan selbst dienen als Basis fruchtiger, unkomplizierter Alltagsweine.

Die Herkunft der Shirazrebe ist ungeklärt: Sie stammt möglicherweise aus der persischen Stadt Schiraz oder aus Syrakus auf Sizilien.

Hanepoot & Co. – eine aussterbende Gattung?

Muscat d'Alexandrie, in Südafrika schlicht Hanepoot genannt, und die allgemein als edler eingestufte Sorte Muscat de Frontignan (als Muscadel bezeichnet) haben eine lange Tradition. Der legendäre Vin de Constance, der süße Constantia, wurde (und wird) ebenso aus Muskatellertrauben gewonnen wie zahllose andere südafrikanische Weine, vor allem in den heißen Weinregionen Olifants River, Orange River oder Klein Karoo. Auch wenn Südafrikaner diese Gewächse schätzen, ihre Chancen auf dem internationalen Markt sind gering. Das gilt nicht minder für die mit Alkohol verstärkten Weine aus roten Trauben, die »Ports« aus Tinta Barocca, Tinta Roriz oder Touriga Naçional.

Einen großen Anteil an der Rebfläche haben noch Colombard und Sultana – ihre Bedeutung beschränkt sich freilich im Wesentlichen auf die Brandy- beziehungsweise die Tafeltraubenerzeugung.

Südafrika und sein Terroir

Der französische Begriff »terroir« hat sich längst auch in Deutschland eingebürgert. Die Ableitung vom lateinischen »terra« (Erde) ist schnell erklärt, die deutsche Übersetzung von Terroir wird da schon schwieriger. Gemeint ist das Zusammenspiel zwischen Boden, Mikroklima und Rebsorte, das den Wein einer bestimmten Lage unverwechselbar macht. Anders als in Europa stammen die Weine in Südafrika jedoch oft von riesigen Farmen, Trauben werden nicht selten aus verschiedenen Weinbauregionen zusammengekauft. Der Terroir-Gedanke hat (noch?) nicht den gleichen Stellenwert wie in Europa.

Bewässerung

In Südafrika ein wichtiges Thema. In den heißen, von glühender Sonne beschienenen Gebieten von Klein Karoo oder Orange River wäre Weinbau ohne Bewässerung unmöglich, aber auch in Stellenbosch und Paarl wird bewässert.

Wie der Boden, so der Wein

Jan van Riebeeck, der erste Kommandeur der Kapkolonie, hatte schon Recht, als er die Eignung Südafrikas für den Weinbau erkannte. Doch genau besehen, ist es fast ausschließlich ein kleiner Teil des Landes, in dem Reben gedeihen und auch noch hochwertigen Wein liefern – die Provinz Western Cape. Die Sonnenscheindauer zwischen dem 31. und dem 34. südlichen Breitengrad beträgt im Mittel 3 000 Stunden jährlich, der Niederschlag rund 860 mm – in manchen Gegenden allerdings erheblich weniger.

Das Klima

Im Halbkreis von gut 100 Kilometern um Kapstadt bestimmt der Einfluss der Ozeane und der Berge das Klima, die Sommer sind warm und trocken, die Winter mild – dann fallen auch die meisten Niederschläge. Freilich gibt es große regionale Unterschiede. Constantia im Süden von Kapstadt wird von Winden des Atlantischen Ozeans abgekühlt, der Niederschlag ist

---

Karge, wasserdurchlässige Verwitterungsböden bieten beste Voraussetzungen für die Kultivierung von geschmacksintensiven Reben.

mit bis zu 1 000 mm pro Jahr vergleichsweise hoch. Für Weißweine finden sich hier gute Anbaubedingungen, wie auch in der ozeannahen Walker Bay. In den warmen, geschützten Tälern von Stellenbosch mit seinem mediterranen Klima gedeihen dagegen Rotweine ausgezeichnet.

Je nördlicher man kommt, desto wärmer und trockener wird es. Schon in Robertson und Wellington fallen weniger als die Hälfte der Niederschläge, wie sie Constantia zugute kommen. Und in den heißen Regionen Klein Karoo, Olifants und Orange River wäre ohne künstliche Bewässerung kein Weinbau denkbar. Diese wiederum führt manchmal zu extrem hohen Erträgen (400 Hektoliter pro Hektar sind keine Seltenheit).

Die Böden

So unterschiedlich wie die klimatischen Bedingungen sind auch die Böden. Allein in Stellenbosch unterscheidet man weit über 50 Varianten – von lehmhaltigen Sandböden bis zu verwittertem Granituntergrund. Letzterer ist – mit Schiefer und Sandstein – für das kleine Constantia typisch, während in Paarl viele Sandstein- und Schwemmböden zu finden sind.

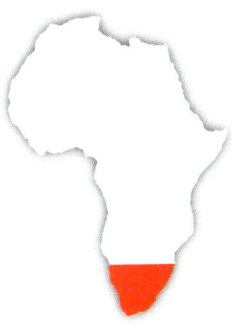

Ganz im Süden des Kontinents befindet sich die Kapregion mit ihren berühmten Anbaugebieten.

Bush Vines und neue Klone

Bei Reben versteht man unter einem Klon den vegetativen, also ungeschlechtlich vermehrten Abkömmling. Vermehrt werden nur die besten, durchsetzungsfähigsten Reben. Der Nachteil ist eine starke Vereinheitlichung des Erbmaterials in klonenbepflanzten Weinbergen.

Hin und wieder kann man sie noch entdecken, die am Boden kauernden Rebstöcke, die ganz ohne Pfähle oder Drähte wachsen. Rentabel sind die »bush vine«-Anlagen, einst üblich im südafrikanischen Weinbau, nicht. Die Erträge sind gering, die Reben häufig alt. Umso besser schmecken jedoch die wenigen Weine, die stolz als Bush Vine etikettiert und zu relativ hohen Preisen verkauft werden. Diese Variante der Reberziehung ist eine Ausnahme, heute werden die Stöcke meist an Drähten erzogen.

Der Zustand der Reben in Südafrika war Ende der 1980er-Jahre nicht eben der beste. Neue Klone durften lange Zeit überhaupt nicht importiert werden, bis 1992 waren Neubepflanzungen nur mit Genehmigung der KWV möglich. Und die vergab solche nach höchst eigenwilligen Kriterien, die kleine, unabhängige Erzeuger benachteiligten.

Aus dem Schlummer erwacht

Heute ist die Situation einfacher und es werden Unmengen an hochwertigen Klonen gepflanzt. Ja, die

Nur wenige Betriebe wie Uitkyk in Stellenbosch haben Weinberge mit Bush-Vine-Anlagen erhalten.

Nachfrage ist sogar größer als das Angebot. Zudem dauert es nun mal ein paar Jahre, bis neugepflanzte Reben einen zufrieden stellenden Ertrag liefern. Die jungen, häufig in Europa geschulten Winzer haben mittlerweile erkannt, wie wichtig Laubarbeit und Ertragsbeschränkung für die Qualität der Weine sind. Mit geernteten Mengen von 100 Hektoliter pro Hektar oder wesentlich mehr ist eben allenfalls ein leichter Durchschnittswein herzustellen. Heute liegen die Erträge in den kühleren Weinbauregionen zwischen 60 und 80 Hektoliter pro Hektar, und für die Spitzenrotweine oder botrytisbefallene Noble Late Harvests noch mal wesentlich darunter.

Die Lese am Kap beginnt in der Regel Ende Januar/Anfang Februar und endet mit den spät reifenden Rotweinsorten Ende März oder Anfang April, kann aber auch in Ausnahmefällen bis in den Mai dauern. Erntemaschinen sind ebenso üblich wie Handlese, auf Letztere setzen viele der qualitätsbewussten Winzer. Um die hohen Temperaturen während der Erntezeit zu umgehen, lesen manche Weinfarmen sogar nachts – eine vor allem bei Weißweinsorten sinnvolle Methode im heißen Südafrika.

Das Jahr des Winzers

Auch wenn die Jahreszeiten in Südafrika denen der Nordhalbkugel genau entgegengesetzt sind, bleibt der Jahresverlauf des Winzers gleich:
Winter/Vorfrühling: Rebschnitt
Frühjahr: Austrieb der Reben
Frühsommer: Blüte liebt warmes und trockenes Wetter
Sommer: Laubarbeit, eventuell Ausdünnen des Ertrags
Herbst: Weinlese

Die Weinlese in Südafrika ist fast ausschließlich Job der farbigen und schwarzen Bevölkerung. Im Weinbau ändern sich die Strukturen erst ganz allmählich.

Revolution im Keller

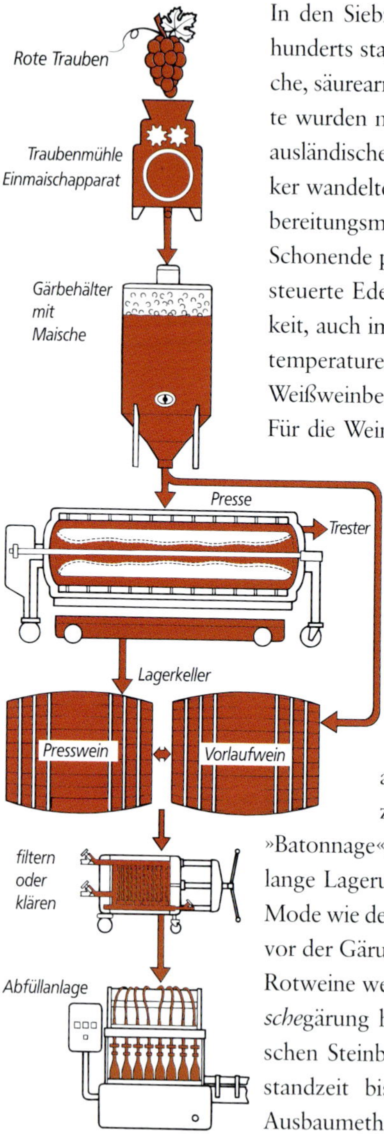

Rote Trauben

Traubenmühle
Einmaischapparat

Gärbehälter
mit
Maische

Presse

Trester

Lagerkeller

Presswein

Vorlaufwein

filtern
oder
klären

Abfüllanlage

In den Siebziger- und Achtzigerjahren des 20. Jahrhunderts stagnierte der Weinbau am Kap. Alkoholreiche, säurearme Weißweine und rustikale, schwere Rote wurden nur allzu oft angeboten. Mit dem Einfluss ausländischer oder im Ausland ausgebildeter Winemaker wandelten sich seit Mitte der Achtziger die Weinbereitungsmethoden dramatisch.

Schonende pneumatische Pressen sowie computergesteuerte Edelstahl-Gärtanks und damit die Möglichkeit, auch im heißen südafrikanischen Klima die Gärtemperaturen niedrig zu halten, haben vor allem die Weißweinbereitung grundlegend verändert.

Für die Weinbereitung werden die Trauben zunächst von Stielen befreit (entrappt). Der Kellermeister verwendet zumeist Reinzuchthefen, um die darauf folgende *Gärung* zu starten. Biologischer Säureabbau ist bei den frischen Sauvignon blancs in aller Regel unerwünscht, wird bei fassgereiften Chardonnays aber häufig durchgeführt. Spitzenweißweine werden oft auch in der Barrique vergoren und bezeichnen sich dann als barrel-fermented. »Batonnage«, das Aufrühren der Hefe im Fass, und die lange Lagerung auf der Feinhefe kommen ebenso in Mode wie der »skin contact«, die Traubenmazerierung vor der Gärung.

Rotweine werden mit mehr oder weniger langer *Maische*gärung hergestellt, teilweise noch in den klassischen Steinbottichen. Von wenigen Tagen Maischestandzeit bis zu mehreren Wochen variieren die Ausbaumethoden, eine malolaktische Gärung schließt sich regelmäßig an. Der Saft, der nach der Gärung entstanden ist, wird in Lagerfässer gepumpt, die Maische *ausgepresst* und dieser *Presswein* schließlich dem *Vorlaufwein* zugesetzt. Immer häufiger verzichten die Winemaker bei Top-Rotweinen auf das *Filtern*, andere experimentieren mit der Kohlensäuregärung (»macération carbonique«).

Nicht wenige der großen Weinbaubetriebe verfügen nicht über eigene *Abfüllanlagen* – und lassen das »bottling« außer Haus vornehmen.

Eichenholz in unterschiedlichen Formen

Französische Barriques sind in Mode am Kap, und die renommierten Tonneliers (Küfer) in Burgund liefern Unmengen der kleinen Fässchen nach Südafrika. Eindrucksvolle Barriquechais (Fasskeller) sind in den letzten Jahren entstanden, die ihren Vorbildern in Bordeaux in nichts nachstehen. Man muss nur mal durch die endlosen Fassreihen von Meerlust, Thelema oder Durbanville Hills gegangen sein, um die Fortschritte des Weinbaus in diesem Land zu erkennen. Verwendet werden Fässer aus französischer, amerikanischer oder osteuropäischer Eiche.

Manchmal ist die Begeisterung fürs Fass beinahe zu groß. »Unwooded« Sauvignon blancs oder jene Chardonnays, die nur zu einem Teil im Barriquefass reifen durften, sind in manchen Gegenden fast zur Rarität geworden. Und die von übertriebenem Holzeinfluss geprägten Weine sind gar nicht so selten. Der Umgang mit der Barrique ist eben nicht von heute auf morgen zu erlernen. Große Kellereien arbeiten bei Weinen unterhalb der Spitzenklasse ganz ungeniert mit Eichenchips oder Holzlatten, den »inner staves«, die in den Edelstahltanks für einen Holzton sorgen, aber wesentlich preiswerter sind als komplette Barriques.

In großen Kellereien ist der Einsatz von Edelstahltanks unverzichtbar. Die Investitionen sind wesentlich geringer als für Barriques, und die Lebensdauer ist fast unbegrenzt.

Malolaktische Gärung

Wird auch biologischer Säureabbau genannt und bezeichnet die Umwandlung von Apfelsäure in Milchsäure und Kohlendioxid, die sich in der Regel an die alkoholische Gärung anschließt. Bei Rotweinen ist sie üblich, bei hochwertigen, barriquegereiften Weißweinen häufig auch.

Gute Weine mit einem Minimum an Vorschriften

Südafrikas süße Weine

Neben den mit Alkohol verstärkten (gespriteten) »Fortified wines« werden noch andere süße Weine erzeugt: »Special Late Harvests« oder »Noble Late Harvests« nennen sich die mehr oder weniger von Edelfäule geprägten Spitzenweine aus Rhine Riesling, Chenin blanc oder Semillon, ihre Mostgewichte und Restzuckergehalte sind vorgeschrieben. »Semi sweet«-, »Sweet Natural«- oder »Late-Harvest«-Weine erreichen meist nicht die Klasse der erstgenannten. »Straw Wine« (Strohwein, auch »Vin de Paille« genannt) aus getrockneten Beeren ist eine teure Rarität, die allmählich in Mode kommt. Der rare »Vin de Constance« (S. 42) ist eine Art Trockenbeerenauslese ohne Edelfäule.

Das südafrikanische Weinrecht ist simpel. So einfach, dass es für den europäische Normen gewohnten Konsumenten schon wieder schwierig wird. Die Vorschriften sind nicht allzu streng und stammen aus den Siebzigerjahren: 1972 wurden die ersten Ursprungsbezeichnungen und im Jahr darauf der »Wine of Origin« geschaffen, eine Garantie für Rebsorte, Jahrgang und Herkunft. Freilich werden nur 20 Prozent der Gesamtproduktion als Wine of Origin deklariert und mit dem dazugehörigen Etikett ausgezeichnet.

Die Ursprungsbezeichnungen sind einigermaßen verwirrend: Neben den fünf Regionen Coastal Region, Breede River Valley, Boberg, Klein Karoo und Olifants River existieren aktuell 14 »districts« (z. B. Stellenbosch, Paarl und Robertson) und 43 »wards« (z. B. Walker Bay). Diese Einteilung ist für den Weintrinker wenig interessant, die meisten Begriffe tauchen auf den Etiketten nur selten auf. Auf manchen Etiketten ist weder die Region, der District noch der Ward vermerkt. Stattdessen findet man den Begriff Western Cape – ein Hinweis auf den Verschnitt von Weinen verschiedener Regionen. In der Regel sind es einfache, aber zuverlässige Weine, die so vermarktet werden.

Die übrigen Vorschriften sind schnell erklärt: Bei Exportweinen müssen 75 Prozent eines Weines aus dem angegebenen Jahrgang und 85 Prozent aus der genannten Rebsorte stammen. Wines of Origin stammen stets zu 100 Prozent aus der genannten Region. Während die Chaptalisierung, die Zugabe von Zucker zum Most, generell untersagt ist, darf Säure zugefügt werden: eine durchaus nicht unsinnige Regelung in einem heißen Weinland wie Südafrika.

Estates und Kellereien

Sobald der Begriff Estate auf dem Etikett steht, wird die Herkunft der Trauben garantiert: Sie müssen auf dem Gut selbst gewachsen sein. Doch die 92 registrierten Estates (nicht alle füllen zurzeit auch Wein ab) besitzen nur einen winzigen Teil der gesamten Rebfläche Südafrikas, die großen Kellereien und Genossenschaften dominieren. Keineswegs nur registrierte Estates produzieren Spitzenweine, auch Kellereien, die keinen einzigen Rebstock besitzen, bringen exzellente Tropfen auf den Markt. Auf der anderen Seite stehen Estates, die bislang nachlässig geführt werden und eher Durchschnittsware erzeugen. Mehr als in anderen Ländern zählt der Name des Erzeugers; Lagennamen werden kaum verwendet.

Weinetiketten sagen viel – aber nicht alles

Was auf dem Etikett stehen muss und was darauf stehen darf, ist gesetzlich festgelegt. Folgende Angaben finden Sie gewöhnlich auf einem Etikett:

Wine of Origin

Garantiert Herkunft, Jahrgang und Rebsorte mit einem Flaschensiegel.

1 Anbaugebiet
2 Erzeugername
3 Rebsorte
4 Füllmenge der Flasche
5 Alkoholgehalt

Gute und bessere Jahrgänge

THELEMA

Cabernet Sauvignon

1989

WINE OF ORIGIN STELLENBOSCH
Grown, produced and bottled by
Thelema Mountain Vineyards,
Helshoogte, Stellenbosch.
Produce of South Africa

12,5% Alc.   750 ml

Thelema Mountain gehört zu den berühmtesten Weingütern Südafrikas. Der hervorragende Cabernet Sauvignon von 1989 ist eine absolute Rarität.

So richtig schlechte Jahrgänge sind in Südafrika – anders als in Europa – praktisch unbekannt. Vor allem im Norden des Landes, in den trockenen und heißen Regionen, spielen die jährlichen Unterschiede nur eine sehr geringe Rolle. Im kühlen Süden, in Stellenbosch, Durbanville und Constantia, sieht das ein wenig anders aus, da zeigen sich von Ernte zu Ernte schon deutliche Nuancen, was Sonnenscheindauer, Niederschlagsmenge und Winde angeht.

Im Allgemeinen bekommen die südafrikanischen Trauben eher zu viel Sonne ab als zu wenig. Das Erreichen bestimmter Mostgewichte ist dann auch nicht das Problem der Winzer – wichtiger ist häufig die physiologische Reife der Trauben. Erfreulicherweise beherrschen immer mehr Güter die Ernte zum idealen Zeitpunkt: Von Alkohol überladene Weine mit 14 oder mehr Volumenprozenten ohne notwendige Säure, früher noch viel zu oft im Angebot, werden zunehmend seltener. Die folgende Tabelle gibt Anhaltspunkte zur Güte der einzelnen Jahrgänge. Mehr als ein Indiz kann sie indes nicht sein: Zu unterschiedlich sind die klimatischen Bedingungen im Land, zu vielfältig die Rebsorten.

Südafrikanische Weißweine schmecken fast alle schon jung, »unwooded« Sauvignon blancs sollten fast immer in den ersten zwei Jahren nach der Ernte getrunken werden. Nur wenige Spitzenrotweine gewinnen auch nach mehr als fünf oder sechs Jahren, und erst allmählich beginnen die Südafrikaner, das Alterungspotenzial ihrer eigenen Erzeugnisse zu erkennen. Auch wenn sie auf den Farmen fast immer längst ausverkauft sind, bekommt man in guten Restaurants hin und wieder ältere Weine (etwa 1991er oder 1989er). Ein 1970er Cabernet des Weingutes Alto war im Jahr 2000 ein Erlebnis.

Jahrgänge und Bewertungen

Jahr	Sauvignon blanc (unwooded)	Chardonnay (barriquegereift)	Pinotage	Top-Rotweine (z. B. Cabernet Sauvignon)
2000	↗	→	→	→
1999	★	↗	↗	→
1998	★	★	↗	↗
1997	↘	★	★	↗
1996	↘	★	↘	★
1995	○	★	★	↗
1994	○	↘	★	★
1993	○	↘	↘	★
1992	○	↘	↘	★
1991	○	↘	↘	★
1990	○	○	↘	↘

Zur Qualität der Jahrgänge:
= hervorragend
= gut bis sehr gut
= mäßig

Legende:
→ noch sehr jung, reifen lassen
↗ am Anfang der Trinkreife, kann noch besser werden
★ auf dem Höhepunkt, trinken
↘ Zenit überschritten, bald trinken
○ verpasst, wäre besser schon getrunken

Ältere südafrikanische Weine sind ausgesprochen rar. Mit viel Glück kann man noch Flaschen der hervorragenden Jahrgänge 1989 oder 1987 bekommen, gelungen waren auch 1986 oder 1984.

Die südafrikanischen Jahrgänge ab 1990

2000 Schwieriger, sehr trockener Jahrgang. Doch die ersten Proben vom Fass lassen auf einige exzellente Rot- und Weißweine hoffen – jedenfalls bei den guten Weinfarmen.

1999 Warmer, trockener Jahrgang, mit gleichwohl großen Mengen. Viele gelungene Weißweine und reife, alkoholreiche und haltbare Rotweine.

1998 Frühe Ernte, relativ geringer Ertrag, aber ausgezeichnete, lange reifende Rotweine.

1997 Kühles Wetter im Jahresverlauf führte zu extrem später Ernte. Wer warten konnte, erntete exzellente Rotweine (Cabernet Sauvignon, Pinotage), aber auch fabelhaften Chardonnay und Sauvignon blanc.

1996 Regen, kühles Klima, große Mengen. Top-Erzeuger produzierten dennoch gelungene Weine, vor allem mit weißen Sorten.

1995 Nach 1994 wiederum ein warmes Jahr mit niedrigen Erträgen, aber reifen, haltbaren Rotweinen.

1994 Gutes Rotweinjahr, die besten sind jetzt trinkreif – wenn man sie überhaupt noch bekommt.

1993 Geringer Ertrag, aber einige sehr gelungene, jetzt schön trinkbare Rotweine, vor allem aus Cabernet Sauvignon.

1992 Gutes Jahr, aber die meisten Weine dürften bereits getrunken sein.

1991 Relativ kühles Weinjahr mit tollen Rotweinen. Sollte man noch 1991er Cabernet Sauvignons oder Pinotages auftreiben: Die Chance ist gut, dass sie noch mit Genuss trinkbar sind.

1990 Gutes Jahr, die meisten Weine sollten aber bereits getrunken sein.

Die Weintypen Südafrikas

Die südafrikanische Vielfalt ist erstaunlich, das Land bietet sicher jedem Weinfreund etwas: vom frischen Weißwein aus Chenin blanc bis zum holzfassgereiften Chardonnay, vom fruchtigen Roten aus Pinotage über barriquegereiften Shiraz bis zum Likörwein im Port-Stil.

Einfache Symbole helfen Ihnen, den passenden Wein zu finden. Die Qualität der in diesem Kapitel beschriebenen Weine setzt sich aus den beantworteten Fragen von Seite 18 zusammen.

Die Vinoteca-Symbole zur Weinbeurteilung

Weinqualität	
★	ein leichter Wein für jeden Tag
★★	ein Wein für besondere Gelegenheiten
★★★	ein Wein für einen Festtag
★★★★	ein Wein für außergewöhnliche Anlässe
★★★★★	ein internationaler Spitzenwein

Qualität

Art des Weines	
♀	Rotwein
♀	Weißwein
♀	Rosé

Weintyp / Geschmack

⟷	die passenden Speisen zu diesem Wein

Speise-Empfehlung

Die Lagerfähigkeit	
▮	Trinkwein
▬	Lagerwein (Angaben in Jahren ab Ernte)

Lagerfähigkeit

Preiskategorien ❶–❺	
❶	unter DM 10,– / € 5,–
❷	von DM 10,– bis 20,– / € 5,– bis 10,–
❸	von DM 21,– bis 30,– / € 10,– bis 15,–
❹	von DM 31,– bis 50,– / € 15,– bis 25,–
❺	über DM 50,– / € 25,–

Preiskategorie

Links: Die Produktpalette südafrikanischer Weingüter reicht vom einfachen, leichten Alltagswein bis hin zum Spitzenprodukt.

Südafrikas Weintypen auf einen Blick

Stellenbosch (S. 38)

Pinotage

🍷 dunkler, betont fruchtiger Rotwein, oft barriquegereift, manchmal mit leichter Bitternote im Nachklang

👄 Fleischgerichte, gebratenes Straußenfilet, würzige Käsesorten, Pilze

🍾 1–5 Jahre

❷–❹

Stellenbosch (S. 38)

Shiraz

🍷 tief schwarzroter Wein mit schokoladigen, Beeren- und Kräuteraromen

👄 Wild, kräftige Fleischgerichte mit dunkler Sauce oder Biltong (getrocknetes Fleisch)

🍾 3–6 Jahre

❷–❹

Paarl (S. 40)

Cabernet Sauvignon/Merlot-Cuvée

🍷 tief rubinroter Wein, Röst- und Johannisbeernoten, von langer Maischegärung und Barriquereifung stammendes Tannin

👄 gebratenes Rindfleisch, Lamm mit würzigen, dunklen Saucen

🍾 4–8 Jahre

❹

Hermanus/Walker Bay (S. 44)

Chardonnay

🍷 in Barriques ausgebauter Wein mit Röstnoten, buttrigen und zitronigen Aromen

👄 Geflügel, Crayfish (Langustenart), Fisch in sahniger Sauce, Pasta, Ziegenkäse

🍾 3–6 Jahre

❸

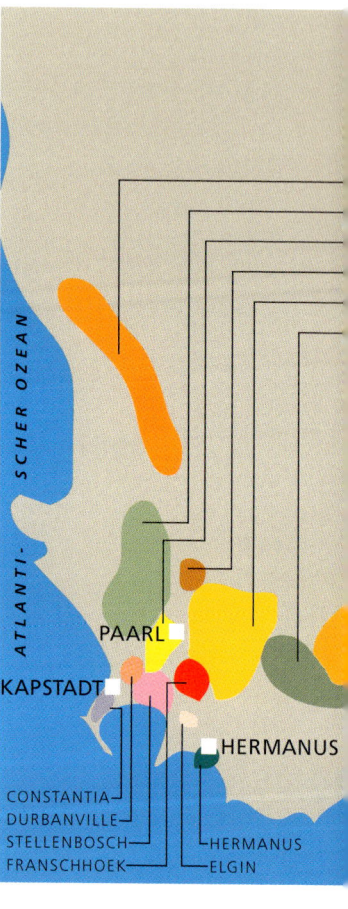

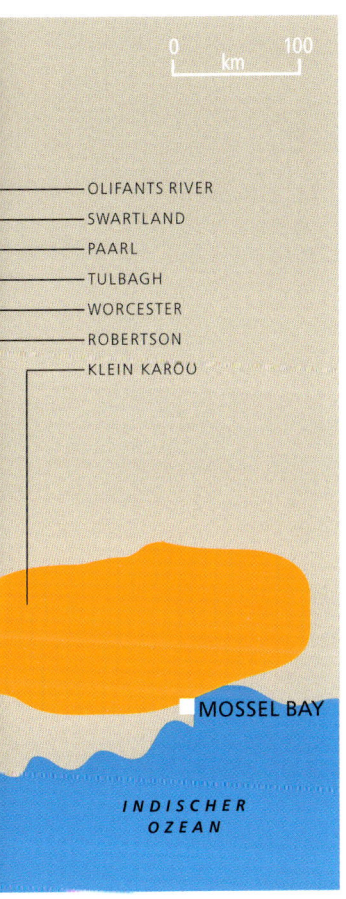

OLIFANTS RIVER
SWARTLAND
PAARL
TULBAGH
WORCESTER
ROBERTSON
KLEIN KAROO

MOSSEL BAY

INDISCHER OZEAN

Die meisten der genannten Sorten sind auch in anderen Weinbau-gebieten am Kap heimisch.

Constantia (S. 42)

Sauvignon blanc unwooded

♀ blassfarbener Wein mit Paprika- und Johannisbeer-noten oder Aromen nach exotischen Früchten

☛ Meeresfrüchte, gedünsteter Lachs, gegrillte Seezunge, asiatisch gewürzte Speisen oder zum Imbiss

▮ 1–3 Jahre

❷

Constantia (S. 42)

Vin de Constance

♀ dunkelgoldener Wein aus eingetrockneten Beeren: süß, seidig, endlos lang

☛ für sich allein genießen

▬ 4–20 Jahre

❺

Klein Karoo (S. 48)

Cape Vintage

♀ aus Rotweintrauben gewonnener und gespriteter Wein: reife Fruchtnoten, süß, alkoholreich

☛ als Aperitif, zu Blauschimmelkäse, zu Desserts mit Nüssen oder Trockenfrüchten

▬ 5–20 Jahre

❸-❹

Franschhoek (S. 40)

Méthode Cap Classique

♀ meist aus Chardonnay und/oder Pinot noir bereiteter Schaumwein, trocken, leichter Hefeton

☛ als Aperitif, zu Austern

▮ jung meist am besten

❷-❸

Swartland (S. 46)

Chenin blanc

♀ mineralisch-fruchtiger leichter Allzweckwein, frisch, häufig mit Zitrusnoten

☛ Fisch, Meeresfrüchte, zum Imbiss

▮ 1–2 Jahre

❶-❷

Stellenbosch – Zentrum des südafrikanischen Weinbaus

Wer vom südafrikanischen Weinbau redet, hat oft den 1679 gegründeten Ort Stellenbosch im Kopf. Ein hübsches, fast idyllisches Städtchen, etwa 45 Kilometer von Kapstadt entfernt und allein wegen seiner kapholländischen Bauten einen Besuch wert. Von den sozialen Problemen des Landes ist hier fast nichts zu spüren, man kann die Straßen entlang bummeln und in kleinen Hotels übernachten. Viele Weingüter sind zu besichtigen, für ein paar Rand kann man hier die Weine probieren oder einen Picknickkorb kaufen.

Mächtige Bergkulissen begrenzen die Rebhänge von Stellenbosch, dem bekanntesten Anbaugebiet des Landes.

Stellenbosch aber bezeichnet nicht nur die gleichnamige Stadt – Sitz jener berühmten Universität, an der 1925 der Pinotage gezüchtet wurde –, sondern auch eine dynamische Weinbauregion. 15 700 Hektar Rebfläche verteilen sich auf die von Bergketten eingefassten Täler. Im Südosten liegt der Helderberg, im Osten Simons- und Stellenboschberg, im Norden nähert man sich bereits Paarl. Die Rebflächen liegen teilweise im Tal, teilweise auf über 400 Meter Höhe.

Nirgendwo sonst reihen sich die Weinfarmen so aneinander wie hier, in Stellenbosch haben die großen Kellerei-Imperien der Stellenbosch Farmers' Winery und von Bergkelder ihren Sitz.

Roter oder weißer Wein?

Betrachtet man nur die Rebsortenstatistik, ist die Frage beantwortet, ob Stellenbosch ein Rot- oder ein Weißweingebiet ist. Die weißen Sorten dominieren mit zwei Dritteln. Exzellente Sauvignon blancs, Chenin blancs und Chardonnays sowie einige Semillons,

Cape und Rhine Rieslinge werden angebaut, vor allem in den höheren Lagen, die niedrigere Temperaturen aufweisen und Wind vom Meer abbekommen. Doch trotz der vielen guten Weißweine gehört die Aufmerksamkeit der meisten Weinmacher eindeutig den roten Sorten. Die ungeheure Nachfrage nach diesem Weintyp hinterlässt ihre Spuren.

Renner ist der Cabernet Sauvignon, immer häufiger in einem Blend (Cuvée) mit Merlot und Cabernet franc ausgebaut. Es scheint fast ein Wettbewerb um die beste Cuvée im Bordeauxstil ausgebrochen zu sein, und Güter wie Vergelegen (S. 69) oder Rustenberg (S. 67) erzielen Jahr für Jahr größere Erfolge. In Stellenbosch wird aber auch einer der nach Meinung vieler Weinkritiker besten Pinotages des Landes erzeugt (von Kanonkop, S. 62), und der Shiraz/Syrah gilt als neue Modesorte (z. B. bei Stellenzicht, S. 68).

Rustenberg zählt zu den schönsten Weinbaubetrieben am Kap. Die Architektur ist ebenso außergewöhnlich wie die Qualität der hier erzeugten Weine.

Wein-Typ	★	♀♥[1]	⌣[2]	▮▬	◑
Chenin blanc	★ – ★★	mineralisch und fruchtig, frisch und schlank	Imbiss, Fisch, Meeresfrüchte	1–2 Jahre	❶–❷
Sauvignon blanc unwooded	★ – ★★★	duftig, zarte Johannisbeer- oder Paprikaaromen, frische Säure	Meeresfrüchte, Fisch	1–3 Jahre	❷
Sauvignon blanc barrel fermented	★★ – ★★★★	würzig, vielschichtige Aromen, Frucht und Länge	Fisch, Geflügel, Krustentiere	2–6 Jahre	❸–❺
Chardonnay Reserve	★★ – ★★★★	barriquegereift, duftet nach exotischen Früchten oder Vanille, würzige Länge	Fisch in sahnigen Saucen, Crayfish oder andere Krustentiere	3–6 Jahre	❸–❹
Pinotage	★ – ★★★★	nach Bananen, Pflaumen oder roten Beeren duftend, würzige Länge, elegant	gebratenes Geflügel, Schweinefleisch, Käse	1–5 Jahre	❷–❹
Shiraz	★★★ – ★★★★	Schokolade- oder Blaubeeraromen, pfeffrig, würzig	Wild, Rindfleischeintopf mit Kräutern, Lamm	3–6 Jahre	❷–❹
Top-Blend im Bordeauxstil	★★★★★	dunkel, reife Fruchtaromen (Cassis), Röstnoten, würzige Fülle und Länge	gebratenes Rindfleisch	4–8 Jahre	❹–❺

[1] trinkreife Jahrgänge: S. 33;   [2] ideale Speisen zum Wein: S. 55

Niederschläge und kühles Klima – Constantia

Bei Klein Constantia setzt man auf die Begrünung der Rebflächen. Die Pflanzen dienen der Verbesserung des Bodens und verhindern, dass die Reben zu viel Feuchtigkeit aufnehmen.

Das Geheimnis des Constantiaweins

Traditionell liegt es in einem aufwendigen Kunstgriff: Die Stiele der Trauben wurden verdreht, sodass die Beeren noch am Stock einzutrocknen beginnen; Edelfäule spielt keine Rolle. Heute sorgen Ertragsreduzierung und Laubarbeit für den gleichen Effekt. Der Wein darf bislang, da er über 15 Grad potenziellen Alkohol aufweist und nicht gespritet wurde, nicht in die EU eingeführt werden. Eine Änderung dieser Regelung ist aber in Reichweite.

Nur wenige Kilometer von der Waterfront, dem touristischen Mittelpunkt Kapstadts, entfernt, befindet sich seit Simon van der Stel eines der bedeutendsten Weinbaugebiete Südafrikas. Der einstige Kommandeur der Kapkolonie erkannte die günstige Lage des Gebietes zwischen Atlantischem und Indischem Ozean. Hier liegt die Durchschnittstemperatur (knapp 19 °C) ein wenig niedriger als in Paarl, vor allem aber sind es die hohen Niederschläge (im Durchschnitt etwas über 1 000 mm), und die Feuchtigkeit gut aufnehmenden Böden, die Constantia auszeichnen und eine Bewässerung unnötig machen.

1685 ging van der Stel die Sache systematisch an: Er nahm Proben von verschiedenen Böden und entschied sich nach deren Auswertung für das Tal zwischen Table und False Bay, heute ein Vorort von Kapstadt. Ende des 17. Jahrhunderts müssen hier 100 000 Rebstöcke gestanden haben, vermutlich rund ein Sechstel der gesamten Weinbaufläche Südafrikas.

Nach Simon van der Stels Tod wurde Constantia in drei Teile aufgeteilt – mit dem heute noch existierenden Groot Constantia (S. 62) als wichtigstem Gut. Unter dem deutschstämmigen Hendrik Cloete begann 1778 die Blütezeit des Constantia-Weines.

Vin de Constance – einer der rarsten Weine der Welt
Richtig berühmt wurde der süße Constantia im späten 18. und im 19. Jahrhundert, als er sich in den Fürsten- und reichen Bürgerhäusern Europas durchsetzte. Neben den großen Konkurrenten Sauternes, Madeira und Tokayer galt Constantia als teure Köstlichkeit. Infolge der Reblausinvasion verblasste die Legende und wur-

de erst ab 1980 auf Klein Constantia (S. 63) wieder erneuert. Heute sind fast 500 Hektar in Constantia mit Reben bepflanzt, und neben dem auf Klein Constantia erzeugten Vin de Constance ist Sauvignon blanc das Aushängeschild, aber es existieren auch exzellente Chardonnays, Rieslinge und einige wenige beachtliche Rotweine.

Buitenverwachting (S. 59), Steenberg (S. 67) sowie Klein Constantia eifern um den besten Wein, Groot Constantia beginnt ganz allmählich nachzuziehen.

Sauvignon blanc findet in Constantia und Durbanville hervorragende Wachstumsbedingungen.

Durbanville – ein junger Weinort

Obwohl das kleine Durbanville in der Nähe des Districts Stellenbosch liegt, sind die klimatischen Bedingungen in mancher Hinsicht denen von Constantia ähnlich. Vergleichsweise hohe Niederschläge, Winde vom Meer – beste Voraussetzungen für duftige Sauvignon blancs und Chenin blancs, aber auch für Shiraz und Cabernet. Das Gebiet liefert Trauben in die großen Kellereien anderer Regionen, doch machen immer mehr in Durbanville angesiedelte Betriebe von sich reden. Martin Moore führt die nagelneue Durbanville Hills-Kellerei (S. 61) mit bewundernswertem Engagement an die Spitze.

Wein Typ	★	🍷🍾[1]	🍴[2]	🍾	❶
Sauvignon blanc unwooded	★ – ★★★	duftig, zarte Johannisbeer- oder Paprikaaromen, frische Säure	Meeresfrüchte, Fisch	1–3 Jahre	❷
Vin de Constance (Klein Constantia)	★★★★★	dunkelgold, vielschichtige Aromen nach Trockenfrüchten, lange Süße	pur trinken	4–20 Jahre	❺
Christine (Buitenverwachting)	★★★ – ★★★★	dunkler, komplexer Rotwein aus Cabernet Sauvignon, Cabernet franc und Merlot	gebratenes, gegrilltes Fleisch	3–7 Jahre	❹

[1] trinkreife Jahrgänge: S. 33; [2] ideale Speisen zum Wein: S. 55

Aufstrebende Weinbaugebiete: Walker Bay und Elgin

Auf den Sandsteinböden von Bouchard Finlayson wachsen Trauben für erstklassige, fruchtige Weine.

Besucher der Kapregion sind sich einig: Die Strecke von Kapstadt nach Hermanus gehört zu den schönsten Routen weit und breit. Nicht nur wegen des Naturparks am eigentlichen Kap der Guten Hoffnung, auch der alte Fischer- und heute beliebte Badeort Hermanus ist einen Besuch wert. Zum Beispiel, um die Wale in der Walker Bay zu beobachten oder natürlich um die Weine zu verkosten.

Qualitätsweinbau hat hier, im District Overberg mit seinen bislang nur 600 Hektar Rebfläche, noch keine allzu lange Tradition, und es sind nur wenige Güter, die mit ihren Weinen für Aufsehen sorgen. In den Achtzigerjahren des 20. Jahrhunderts machte erstmals Tim Hamilton Russell (S. 62) mit seinen Weinen von sich reden, er verschaffte dem Anbaugebiet Walker Bay seinen Ruf. Der Betrieb wird heute von Sohn Anthony geleitet. Im kühlen, meeresnahen Klima der Bucht wachsen Chardonnay und Pinot noir prächtig, die beiden großen Spezialitäten dieses »südafrikanischen Burgund«. In besonders heißen, trockenen Jahren – wie 1999 – ist das Klima hier genau richtig, werden einige der feinsten Weine vom Kap erzeugt.

Der Winzerstar neben Hamilton Russell heißt Peter Finlayson von Bouchard Finlayson (S. 59). Eleganter und feingliedriger als der Top-Chardonnay »Missionvale« von Peter Finlayson ist kein Vertreter dieser Sorte aus Stellenbosch oder Paarl. Gleiches gilt für Pinot noir. Auch wenn der rare »Ashbourne« (Hamilton Russell) oder der »Galpin Peak« von Finlayson noch nicht die Klasse der allerbesten französischen Burgunder haben – sie sind auf gutem Wege dorthin. Auch dank der aus Frankreich importierten Klone.

Die Böden auf dem Grund von Hamilton Russell sind von kleinschottrigem Lehm bedeckt und bringen kraftvolle, würzige Pinot noirs und seidige Chardonnays hervor.

Trauben aus Elgin

Auch einige der großen Kellereien in Stellenbosch haben gemerkt, wie günstig das Klima in dieser Gegend ist. Ganz selbstverständlich importieren sie Trauben aus dem ein Stück nördlich der Walker Bay gelegenen Elgin, eigentlich ein großes Apfelanbaugebiet. Neil Ellis etwa, der charismatische Winemaker aus Stellenbosch, erzeugt einen seiner besten Chardonnays von Rebflächen in Elgin.

Aber auch an Ort und Stelle tut sich etwas: Paul Cluver (S. 66) ist der Weinbaupionier von Elgin, erzeugt guten Chardonnay, etwas ausladenden Sauvignon blanc und sehr zuverlässigen Pinot noir, der von Jahr zu Jahr besser wird.

Wein-Typ	★	♀♥[1]	◕[2]	▬	❶
Chardonnay (Bouchard Finlayson)	★★★	barriquegereift, duftet nach exotischen Früchten oder Vanille, würzige Länge	Fisch in sahnigen Saucen, Crayfish oder andere Krustentiere	3–6 Jahre	❸
Pinot noir (Hamilton Russell)	★★★ – ★★★★	dunkles Rubinrot, rauchige Noten, fruchtig, elegant	Geflügel, Pasta, Gegrilltes, Hartkäse	3–6 Jahre	❸

[1] trinkreife Jahrgänge: S. 33;   [2] ideale Speisen zum Wein: S. 55

Neues aus dem Norden – Swartland und Tulbagh

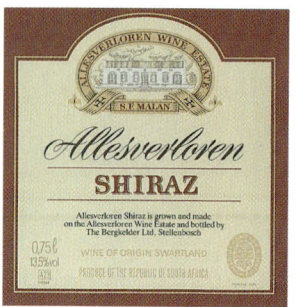

Heiß ist es im Norden, rund 100 Kilometer von Kapstadt entfernt. Das Schwarze Land (Swartland) ist auch eher für seinen Weizen bekannt als für seine Weine. Dennoch stehen hier fast 13 500 Hektar Reben (inklusive Tulbagh), die bis Ende der Achtzigerjahre des 20. Jahrhunderts hauptsächlich schlichte, leicht süße und nicht allzu finessenreiche Chenin blancs lieferten. Auch für weniger anspruchsvolle Rotweine ist Swartland bekannt. Doch ein Teil des Gebiets eignet sich sehr wohl zur Erzeugung von Top-Weinen, und allmählich wird das Potenzial auch genutzt. Vor allem in Küstennähe, zwischen Malmesbury und Darling, bringen die weißen Sorten elegante, fruchtige Weine mit der notwendigen Dosis Säure hervor. Der Swartland Wine Cellar ist für üppigen Chardonnay und frischen Sauvignon blanc oder Chenin blanc gut, und die besten Rotweine kommen von einem Gut mit dem ungewöhnlichen Namen Allesverloren (S. 58). »Alles verloren« soll tatsächlich einmal der Besitzer dieser Farm ausgerufen haben, als er sie, von der Arbeit zurückkehrend, zerstört vorfand. Glücklicherweise macht das Estate mit 160 Hektar Rebfläche, von Fanie und Danie Malan geleitet, heute einen sehr intakten Eindruck.

Die Weine von Allesverloren und Drostdy genießen in der Weinwelt einen guten Ruf.

Neben einem beachtlichen süßen Cape »Port« entstehen Shiraz und Cabernet Sauvignon und als Spezialität ein trockener roter Tinta Barocca.

Dieser Wein kann als Beispiel dienen für die südafrikanische Vielfalt. Neben den international üblichen Rebsorten findet man am Kap immer auch Spezialitäten wie diese.

Engagement in Tulbagh

Bis Tulbagh dringt der Einfluss des Meeres nicht mehr vor. Das auf drei Seiten von Gebirgsketten einge-schlossene Gebiet liegt rund 120 Kilometer nördlich von Kapstadt und kann sich über zu niedrige Tempe-raturen nicht beklagen. Plumpe, aufdringliche Chenin blancs wurden hier viele Jahrzehnte lang erzeugt (und werden es noch immer), doch ist die Vielfalt jetzt ge-stiegen. Drostdy Wines (S. 61) ist eine große, auch im Export höchst aktive Kellerei, die zu den South Afri-can Wine Cellars gehört. Pinotage, Sauvignon blanc und Chenin blanc zählen zu den sicheren Tipps, wenn-gleich keiner von ihnen Spitzenklasse erreicht.

Die streift zumindest Nicky Krone von Twee Jonge Gezellen (S. 68) mit seinem Schaumwein Méthode Cap Classique aus Chardonnay und Pinot noir. Krone versucht, den hohen Tagestemperaturen zu entkom-men, indem er die Trauben nachts lesen lässt. Übrigens ausschließlich von Hand.

Wein-Typ	★	♡♥[1]	🍴[2]	🍷	ⓞ
Chenin blanc	★ – ★★	mineralisch und fruchtig, frisch und schlank	Imbiss, Fisch, Meeresfrüchte	1–2 Jahre	❶-❷
Cabernet Sauvignon	★★★ – ★★★★	würzige und fruchti-ge Aromen, vom Barrique beeinflusst, elegant eingebunde-nes Tannin	gebratenes Rindfleisch, Lamm	2–5 Jahre	❷-❸
Tinta Barocca (Allesverloren)	★★	dunkler, kraftvoller Rotwein mit deutlich über 14 Prozent Alkohol	gebratenes Rindfleisch	2–4 Jahre	❷
Méthode Cap Classique (Twee Jonge Gezellen)	★★ – ★★★	leichter Hefe- und Apfelduft, cremige Fülle, charaktervoller Schaumwein	als Aperitif, zu Austern	1–3 Jahre	❸-❹

[1] trinkreife Jahrgänge: S. 33;   [2] ideale Speisen zum Wein: S. 55

Südafrikas heiße Regionen – nicht nur für Süßweine gut

Viele der in Robertson liegenden Weinberge tragen Chardonnay-Trauben, die immer häufiger für die Schaumweinproduktion genutzt werden.

Breede River Valley heißt die südafrikanische Weinbauregion, die für den Kenner bislang wohl am wenigsten interessant ist. Im District Worcester, der mit 16 700 Hektar Rebfläche allein ein Sechstel des gesamten Kapweinbaus repräsentiert, ist es mit rund 250 mm Niederschlag pro Jahr extrem trocken. Ohne künstliche Bewässerung wäre Weinbau hier ausgeschlossen, und auch so lassen sich kaum Gewächse von Finesse erzeugen. Chenin blanc und Colombard dominieren, Hanepoot (Muscat d'Alexandrie) wird zu üppigen Süßweinen verarbeitet. Ein Großteil der Erzeugung fließt in die Brandyproduktion.

Sehr trocken und warm ist auch Klein Karoo, ein ausgedehntes gebirgiges Gebiet weit östlich von Kapstadt, das rund 3 300 Hektar Reben besitzt. Außer für Straußen- und Lammfarmen ist die Region für die gespriteten »Portweine« berühmt – Boplaas (S. 59) und einige andere Betriebe erzeugen sehr beachtliche Qualitäten im Vintage- oder Tawny-Stil. Keine simplen Imitationen der portugiesischen Originale, sondern häufig sehr gute und preisgünstige Gewächse mit durchaus eigenständigem Charakter. Entdecken lassen sich diese süßen Spezialitäten fast ausschließlich vor Ort – nur wenig wird exportiert.

Anbaugebiet im Wartestand: Robertson

Genau zwischen Worcester und Klein Karoo liegt dieses mit 11 800 Hektar Reben bestockte Anbaugebiet, ebenfalls am Breede River. Sehr warm ist es hier natürlich auch, aber die kalkhaltigen Böden und der im Vergleich zu Worcester etwas höhere Niederschlag (zwischen 300 und 400 mm pro Jahr) machen diese

Gegend für den Qualitätsweinbau interessant. De Wetshof (S. 60) war in den 1980er-Jahren der Vorreiter und erzeugt auch heute noch überdurchschnittlichen Chardonnay, andere Betriebe (wie Zandvliet, S. 70) folgen nach, und mittlerweile entstehen auch gute Rotweine. Mengenmäßig dominieren freilich noch die leichten Weißen aus riesigen Genossenschaftskellereien sowie alkoholreiche Muskateller. Das Zeug zur internationalen Klasse hat Robertson – es ist nur noch nicht sicher, wann dieses Potenzial in vollem Umfang genutzt wird.

Olifants und Orange River

Riesige Mengen Trauben für die Brandy-, Tafeltrauben- und Fassweinproduktion werden in der heißen Region Olifants River erzeugt, deren Klima etwa dem Nordafrikas entspricht. Einzig die Genossenschaftskellerei Vredendal – die größte Südafrikas – liefert in dieser mit 8 600 Hektar Reben bestockten Region einige ordentliche Flaschenweine ab.

Orange River, das weit von Kapstadt entfernt im Landesinneren gelegene Gebiet mit 14 000 Hektar Rebfläche für den Weinbau, hält den Hitzerekord aller südafrikanischen Weinbaugebiete und liefert zum größten Teil Muskatellerweine und simple Chenin blancs. Nicht gerechnet die Tafeltrauben aus der Sultana-Rebe.

Port und Sherry

Lange nutzten die Südafrikaner ungeniert die europäischen Begriffe Port und Sherry. Für den Export in die EU wurden sie jedoch mittlerweile von den Etiketten verbannt.

Die am Orange River gelesenen Chardonnay-Trauben werden zum Großteil bei einer der großen Kooperativen der Region abgeliefert und nicht auf den Gütern selbst gekeltert.

Wein-Typ	★	🍷♔¹	🍽²	🍴	❶
Cape Vintage »Port« (Boplaas)	★★★ – ★★★★	reife Fruchtnoten, süß, alkoholreich, Tiefe und Länge	als Aperitif, zu Blauschimmelkäse, zu Desserts mit Nüssen oder Trockenfrüchten	5–20 Jahre	❸–❹
Hanepoot	★ – ★★★	goldfarben, würzige Süße	als Aperitif, zu schweren süßen Aufläufen	2–4 Jahre	❷

¹ trinkreife Jahrgänge: S. 33;   ² ideale Speisen zum Wein: S. 55

Die perfekte Harmonie: Wein & Speisen

Südafrikanische Küche ist eine faszinierende Mischung ganz verschiedener Kochtraditionen: Rezepte der Buren, der afrikanischen Stämme, britische und indische Einflüsse ergeben eine eindrucksvolle Vielfalt. Das Meer liefert Fisch und Krustentiere sowie Meeresfrüchte in verblüffender Fülle, das Land Unmengen Früchte. Ein kulinarisches Paradies!

Es ist schon erstaunlich, wie sich die Lieblingsgerichte der ersten burischen Einwanderer bis heute erhalten haben. *Bobotie* nennt sich der in verschiedenen Varianten zubereitete Hackfleischauflauf, den womöglich schon Jan van Riebeeck genoss, als er im 17. Jahrhundert am Kap landete; *Sosatie* heißen die ebenso beliebten Fleischspieße.

Mittlerweile ist die Kapküche aber sehr viel reichhaltiger geworden. Die Restaurants besinnen sich auf die Vielfalt der Lebensmittel und die Fülle an kulinarischen Traditionen. Schließlich haben nicht nur Niederländer und Deutsche ihre Spuren in der Küche Südafrikas hinterlassen, auch der britische Einfluss ist überall zu spüren: *Scones* und *Muffins* sind beliebte Gebäckspezialitäten, die auf keinem gut sortierten Frühstücksbüfett fehlen. Ebenso häufig werden heute die *Currys* und *Chutneys* der indischstämmigen Einwanderer serviert, und aus Indonesien und Malaysia gelangten schon zu Zeiten der Holländisch-Ostindischen Gesellschaft unzählige Gewürze ans Kap.

Neben Lamm und Rind essen die Südafrikaner gern Geflügel – Huhn oder Truthahn –, Antilopen oder Büffel. Spezialitäten wie Krokodil oder die von Touristen

Links: Die ideale Ergänzung schlechthin: südafrikanische Weine und heimische Spezialitäten.

gefürchteten gebackenen Raupen werden selten angeboten. Dafür darf Straußenfleisch auf fast keiner Speisekarte fehlen. Das dunkelrote, fettarme Fleisch lässt sich gut mit Pinotage oder Shiraz kombinieren.

Grundnahrungsmittel aus dem Meer

Wer heute eines der Restaurants in Kapstadt aufsucht, entdeckt immer öfter eine leichte, mediterran beeinflusste Küche mit kurzen Garzeiten und frischen Produkten. Dank seiner beiden Ozeane, dem Indischen und dem Atlantischen, sowie 3 000 Kilometer Küste ist Südafrika mit Fisch, Meeresfrüchten und Krustentieren bestens versorgt. Die Qualität der Austern ist exzellent, Muscheln und Calamares, *Kingclip* und Seezunge, Makrelen und Schellfisch sind im Überfluss vorhanden. Chenin blanc oder »unwooded« Sauvignon blanc passen fast immer zu diesen Speisen.

Als größte Delikatesse gilt vor allem im südafrikanischen Sommer der *Crayfish*, eine kleine Langustenart.

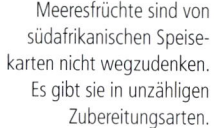

Meeresfrüchte sind von südafrikanischen Speisekarten nicht wegzudenken. Es gibt sie in unzähligen Zubereitungsarten.

Mit einem extraktreichen Chardonnay oder einem barriquegereiften Sauvignon blanc ein Erlebnis.

Biltong und Braai – Traditionen Afrikas

Das Kauen von *Biltong* und der abendliche *Braai* sind
zwei der beliebtesten Freizeitbeschäftigungen der Südafrikaner. Biltong ist in Streifen geschnittenes und getrocknetes Fleisch von Rind, Antilope oder anderen
Tieren. Einst Proviant für lange Reisen, dient Biltong
heute als Snack zu jeder Tageszeit. Braai dagegen ist
ebenso ein kulinarisches Erlebnis wie eine gesellschaft-
liche Verpflichtung. Das Grillen unter freiem Himmel,
in Parks und Vorgärten, am Strand und auf Parkplätzen
ist heute bei weißen und schwarzen Südafrikanern glei-
chermaßen beliebt. Zum Braai trinken vor allem die
Schwarzen und Farbigen sehr viel eher Bier als Wein,
ausgezeichnet passen aber auch leichte, fruchtige Rotweine: Cinsault, Ruby Cabernet oder Merlot. Und die
sollten im warmen Südafrika tunlichst nicht mit Zimmertemperatur ausgeschenkt werden: 12–14 °C sind
oft ideal. Kräftigere Rotweine vertragen auch höhere
Temperaturen – bis etwa 16, höchstens 18 °C.

Süßes zum Abschluss

Die orangeroten *Kapstachelbeeren*, bei uns als Physalis
bekannt, gelten in Südafrika als Grundnahrungsmittel.
Wie auch Mangos und Melonen, Papayas, Äpfel und
Weintrauben. Eine »Special-« oder »Noble Late Harvest« aus Cape Riesling, Chenin blanc oder Rhine Riesling passt dazu ebenso wie ein Muskateller: Hanepoot
oder Muscadel. Cape »Port« ist eher der passende Be-
gleiter zu den üppigen süßen Cremes und Aufläufen
der burischen Küche. Vintage »Port« harmoniert auch
mit dem erstaunlich delikaten südafrikanischen Blauschimmelkäse.

Wein im Restaurant

Für unsere Verhältnisse ist
Wein in südafrikanischen
Restaurants spottbillig, die
Aufschläge auf den Einkaufs-
preis sind sehr bescheiden.
Selbst in gehobenen Lokalen
sind gute Weine für 15 bis
20 Mark zu haben, ältere
Jahrgänge gerühmter Top-
Rotweine kosten nur selten
mehr als 60 oder 70 Mark.
Südafrika ist auch in dieser
Hinsicht ein Paradies für
Weinfreunde.

Kapstachelbeeren sind eine
perfekte Ergänzung zu vielen
Desserts. Man erhält sie
auch in Deutschland.

Welche Weine zu welchen Speisen?

Weintypen	Weine
leichter, trockener, junger Weißwein	Sauvignon blanc unwooded, Chenin blanc, Cape Riesling, Rhine Riesling (alle S. 43)
kräftiger Weißwein mit Barriquelagerung	Chardonnay (Reserve), Sauvignon blanc, Semillon Reserve, Chenin blanc (alle S. 41 f.)
leichter, fruchtiger Rotwein	Pinotage, Ruby Cabernet, Cinsault, Merlot (alle S. 39 f.)
gehaltvoller bis großer Rotwein	Cabernet Sauvignon, Shiraz, Pinotage, Blends im Bordeauxstil (alle S. 39 f.)
süßer Wein	Special Late Harvest, Noble Late Harvest (S. 48 f.), Vin de Constance (S. 42), Cape »Port« (S. 49), Hanepoot (S. 49), Muscadel (S. 48 f.)

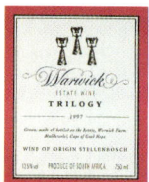

Zur Wahl der Jahrgänge: siehe Weinreife-Tabelle S. 33

Südafrikanische Gerichte	Speisen generell
Austern, Kingclip, Calamares, Currys, alle mit asiatischen oder afrikanischen Gewürzen zubereiteten Speisen	gedünsteter Fisch, Imbiss, Sushi, Ziegenkäse, Spargel
gegrillter Crayfish, überbackene Austern, Bobotie, Straußencarpaccio	Hummer, Fisch mit sahnigen Saucen, Geflügel, Pasta mit hellen Saucen
Sosaties, Braai, gegrilltes Straußensteak, Biltong	Geflügel (Huhn, Truthahn), Pasta, Schweinefleisch, Brotzeit, Käse
gebratenes Rindfleisch, gebratenes Lamm, Springbock, Antilope	Wild, Ente mit dunklen, würzigen Saucen, reife Käsesorten
Kapstachelbeeren, Mango, Kuchen, Aufläufe	Crème brûlée, Soufflés, Puddings, Schokoladendesserts (Cape »Port«), Blauschimmelkäse

Die schönsten Güter, die besten Weine

In Südafrika existiert eine überschaubare Anzahl an Weingütern (Estates), Kellereien und Genossenschaften. Viele dieser Betriebe haben Vertriebspartner in Deutschland, ihre Weine sind im Fachhandel, bei Versendern und in Supermärkten vertreten. Natürlich kann man einige Güter auch vor Ort besuchen

Alle Weingüter, die wir in diesem Buch porträtiert haben, sind für die beständige Qualität ihrer Weine bekannt. Die Klassifizierung ★–★★★★★ besagt, dass beim genannten Weingut die ganze Palette vom leichten Trinkwein bis zu internationalen Spitzengewächsen zu bekommen ist. Die Preise für diese Weine erfahren Sie aus den genannten Preissymbolen ❶–❺. Was genau sich hinter den Symbolen ★–★★★★★ und ❶–❺ verbirgt, können Sie auf Seite 35 nachlesen.

Viele der genannten Betriebe können Sie besuchen. Aus diesem Grund finden Sie bei allen Weingütern eine Ortsangabe. Wenn Sie einen Betrieb besichtigen möchten, lesen Sie bitte auf Seite 72 nach, worauf Sie achten sollten.

Am Puls der Zeit

Preise, Qualitäten und Beurteilungen eines Weines können sich von Jahrgang zu Jahrgang unterscheiden. Damit Sie immer auf dem neuesten Stand sind, bietet die Vinoteca einen besonderen Service: Auf unserer Homepage im Internet finden Sie unter der Adresse http://www.vinoteca.falken.de eine Seite mit den jeweils aktuellen Weinbeschreibungen, die von professionellen Verkostern betreut wird.

Links: Die Weine von de Wetshof sind in aller Welt bekannt. Die Besitzer haben sich schon früh um den Export ihrer Produkte bemüht.

Die Preise für Südafrikas Weine bewegen sich zwischen etwa neun Mark (für leichte Weißweine wie Chenin blanc) bis zu über 50 Mark für einige der feinsten und gefragtesten Weiß- und Rotweine. Auch die seltenen »Noble Late Harvests« und die besten Likörweine im Portweinstil kosten oft um die 50 Mark pro Flasche oder etwas mehr. Die nachfolgenden Preise stellen nur einen ungefähren Anhaltspunkt dar. Angegeben sind die Preise in Deutschland. Kauft man direkt beim Winzer vor Ort ein, zahlt man – bedingt durch den günstigen Umtauschkurs von Rand in DM/Euro – meist etwas weniger, muss sich dann aber natürlich selbst um den Transport der Flaschen kümmern.

Weißweine ohne Ausbau im Holzfass (unwooded) kosten etwa zwischen 9 und 18 DM ❶–❷. Rotweine ohne Ausbau im Holzfass kosten etwa zwischen 11 und 18 DM ❷.

Weißweine mit Ausbau im Barrique kosten etwa zwischen 15 und 40 DM, in einigen Fällen auch darüber ❷–❺.

Rotweine mit Ausbau im Barrique kosten etwa zwischen 15 und 50 DM, in einigen Fällen auch darüber ❷–❺.

DIE WICHTIGSTEN WEINGÜTER

Allesverloren ★ – ★★★
Riebeek West (Swartland)

Erste Adresse in der Weinbauregion Swartland. Fanie und Danie Malan, dessen Familie hier bereits seit 1870 ansässig ist, vinifizieren in diesem Estate einen üppigen, alkoholreichen Shiraz, dem man schon mal mangelnde Finesse vorwerfen kann. Ausladend, aber gelungen ist auch der Tinta Barocca, ein preislich vernünftig kalkulierter Rotwein ❷ aus dieser ursprünglich in Portugal heimischen Traube.

Alto ★★★ – ★★★★
Lynedoch (Stellenbosch)

Den ursprünglichen Beruf von Hempies du Toit errät man mühelos: Der breitschultrige, vierschrötige Kerl, der einem da barfuß und von einem riesigen Hund begleitet entgegentritt, war mal Rugbyprofi. Seit 1976 ist er der Winemaker des 1693 gegründeten Weinbaubetriebes Alto mit 105 Hektar Reben und steht für zwei äußerst alterungsfähige Rotweine: den Cabernet Sauvignon ❸ sowie den »Alto Rouge« ❷, dessen Rebsortenzusammensetzung (Cabernet Sauvignon, Merlot, auch Cabernet franc und Shiraz) von Jahr zu Jahr variiert: Sie gehören zu den elegantesten und alterungsfähigsten Weinen am Kap, ein 1970er Cabernet Sauvignon war Anfang 2000 traumhaft. Neueste Errungenschaft ist der gespritete Shiraz im Portweinstil, ein nach Trüffeln und Schwarzkirschen duftendes (gelungenes!) Experiment.

Backsberg ★ – ★★★
Suider-Paarl

Großes Estate unter Leitung des engagierten Michael Back. Der üppige, nach tropischen Früchten duftende Chardonnay (1997 und 1998 sehr gelungen) oder die roten Sorten (Cabernet Sauvignon und Shiraz) zählen zu den sicheren Werten. Und seit die kalifornischen Weinmacher Phil Freese und Zelma Long von Simi sich auf Backsberg engagieren, sind die Chancen auf einen weiteren qualitativen Aufstieg enorm.

Bergkelder ★ – ★★★
Stellenbosch

Eine der größten Kellereien des Landes, ihrerseits Bestandteil der Distillers Corporation. Mit den international erfolgreichen Fleur du Cap-Weinen ❷ liegt man nie falsch: Es sind korrekt gemachte, manchmal auch erstaunlich gute Tropfen (fruchtiger, dichter »unfiltered« Merlot!); Individualität darf man freilich von diesen Weinen nicht erwarten. Beachtliche Rot- und Weißweine ❷ (überzeugender Cabernet Sauvignon, gelungener Sauvignon blanc) werden in der Linie »Stellenryck Collection« vermarktet.

Beyerskloof ★★★
Koelenhof (Stellenbosch)

Beyers Truter, der Winemaker von Kanonkop, ist an diesem kleinen, feinen Betrieb beteiligt. Den Einfluss des neuen Holzes stecken der extraktreiche Pinotage (exzellenter 1999er!) und die Cuvée aus Cabernet Sauvignon und Merlot locker weg. Manchmal kommen die Weine sehr nah an jene von Kanonkop heran.

Blaauwklippen ★ – ★★
Stellenbosch

Mit diesem traditionsreichen Betrieb, dessen Geschichte bis 1682 zurückreicht, geht es allmählich wieder aufwärts. Pinotage, Shiraz, aber auch Zinfandel und Cabernet Sauvignon überzeugen am meisten, auch der Sauvignon blanc ist meist eine sichere Wahl. Spielraum nach oben ist freilich noch vorhanden.

Boekenhoutskloof ★★ – ★★★★
Franschhoek
Der junge Winemaker Marc Kent hat ein Händchen für Shiraz, der hier mal zur Abwechslung Syrah heißt. Der 97er setzte Maßstäbe für den Kapweinbau, und es scheint, als könnte der 99er ähnliche Klasse aufweisen. Guter, weit überdurchschnittlicher Cabernet Sauvignon und Merlot stammen ebenfalls aus diesem Betrieb, der noch ein Geheimtipp ist.

Boplaas ★★ – ★★★
Calitzdorp (Klein Karoo)
Südafrikas Spezialist für gespritete Weine (Fortified wines) im Vintage- oder Tawny-Portweinstil. Mit den besten Portugiesen können sie kaum mithalten, aber um simple Imitationen handelt es sich bei den fruchtigen, alterungsfähigen Weinen von Carel Nel auch nicht. In der Reserve-Linie entstehen seit 1998 Rotweine, die keineswegs so üppig und alkoholreich ausfallen, wie man angesichts des heißen Klimas befürchten könnte.

Bouchard Finlayson ★★★ – ★★★★
Hermanus (Walker Bay)

Peter Finlaysons Pinot noir »Galpin Peak« wird gewiss von keinem anderen Weingut in der Walker Bay übertroffen – und allenfalls von Hamilton Russell erreicht. Von den 15 Hektar eigenen Reben sowie zugekauften Trauben stammt aber auch erstklassiger, üppiger, barriquegereifter Chardonnay. Riesling-, Weißburgunder- und sogar Sangiovesereben hat der experimentierfreudige Winzer, zuvor für die Weinbereitung bei Hamilton Russell verantwortlich, mit Unterstützung seines französischen Partners Paul Bouchard (aus dem Burgund) gepflanzt.

Buitenverwachting ★★ – ★★★★
Constantia
Neben Groot und Klein Constantia ein weiterer namhafter Betrieb in diesem feuchten, meernahen Weinbaugebiet. Mit deutschem Kapital wurden die 100 Hektar Weinberge und der Keller auf Vordermann gebracht, seit 1993 amtiert hier der Deutsche Hermann Kirschbaum als Winemaker. Der Sauvignon blanc ❷, glasklar und mit vegetabilen Aromen ausgestattet, ist und bleibt ein Schnäppchen, der »Buiten Blanc« ❷ ist ein charmanter Weißer aus Sauvignon blanc, Riesling, Chenin blanc und Grauburgunder. Legendär ist die berühmte »Christine«, die rote Top-Cuvée aus Cabernet Sauvignon, Cabernet franc und

Merlot ❹. Zwar gibt es mittlerweile einige besseren Rotweine am Kap, aber die »Christine« ist allemal eine gute Wahl.

Cabrière ★★ – ★★★
Franschhoek

Der deutschstämmige Achim von Arnim, der einen Gutteil seiner Weinkenntnisse während des Studiums in Geisenheim erwarb, war schon immer, seit seiner Ankunft in Franschhoek 1984, für Überraschungen gut. Seine flaschenvergorenen Schaumweine unter der Marke Pierre Jourdan, erzeugt nach der Méthode Cap Classique in der Blanc-de-Blancs-Version (ausschließlich Chardonnay) oder als Cuvée Brut (zusätzlich Pinot noir) gehören zu den besten am Kap. Aber auch der elegante, barriquegereifte Pinot noir kann sich in diesem Estate sehen lassen.

Cathedral Cellar siehe KWV

Clos Malverne ★ – ★★★
Stellenbosch

Seymour Pritchard und sein Winemaker Isak Smit stellen auf diesem Estate einen der feinsten Pinotages ❷ des Landes her – nach später Lese und traditioneller Kellerbehandlung. Die Reserve steigert diese Leistung noch, und der »Auret« ❸ ist eine originelle Cuvée aus Pinotage und Cabernet Sauvignon.

Cordoba ★ – ★★★★
Stellenbosch

Ein Name unter den Stellenbosch-Kellereien, der aufhorchen lässt. Seit Winemaker Christopher Keet hier das Sagen hat, seit 1993 also, entstehen reife, fruchtige, perfekt ausbalancierte Rotweine. Cabernet Sauvignon und Merlot ❸, seit 1995 auch der »Crescendo«, eine Cabernet franc betonte Cuvée. Sogar im allgemein weniger gut ausgefallenen Jahrgang 1996 gelang Keet Erstaunliches.

De Wetshof ★ – ★★
Robertson

Auch in Robertson müssen die Weinberge bewässert werden; dank der kalten Nächte behalten die Weißweine hier aber frische Frucht und ausreichend Säure. Und der studierte Geisenheimer Danie de Wet, dessen Familie schon seit 1693 im Weinbau tätig ist, überzeugt regelmäßig mit Chardonnay (die Top-Cuvée kommt unter dem Namen »Bateleur« ❸ auf den Markt) oder Sauvignon blanc ❷. Für Fans eleganter, feingliedriger Weine ist dies freilich nicht die richtige Adresse, Liebhaber üppiger, dichter Chardonnays mit Holzeinfluss kommen schon eher auf ihre Kosten.

Delaire ★★ – ★★★★
Stellenbosch

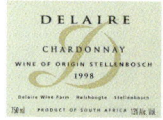

Im südafrikanischen Sommer auf dieser Winery zu picknicken oder im eigenen Restaurant Green Door zu speisen, das ist ein Erlebnis, das sich kaum übertreffen lässt: Zu eindrucksvoll ist der Ausblick auf Reben und Bergketten am Horizont. Der junge Weinmacher Bruwer Raats erzeugt von 22 Hektar Weinbergen einen glasklaren unwooded Sauvignon blanc (der 2000er verspricht viel), noch sehr viel besser fällt meist die barriquegereifte Variante aus. Sehr zuverlässige Chardonnays und Rotweine, allen voran der Merlot.

Delheim ★ – ★★★
Koelenhof (Stellenbosch)

Einer der Klassiker unter den südafrikanischen Winerys. Hans Hoheisen und Michael »Spatz« Sperling hielten bereits vor zwei Jahrzehnten die Flagge der überdurchschnittlichen Weine hoch. Heute ist Delheim ein riesiges Weinunternehmen, das eine Fülle an sehr guten (verführerischer, fruchtiger Shiraz), aber auch kommerziel-

len Weinen produziert: lieblichen »Spatzen-
dreck« (eine Weißweincuvée) oder Gewürztraminer.

Drostdy Wines ★
Tulbagh

Wer gut gemachte, fruchtige Rot- und Weißweine
sucht, ist bei diesem 1906
gegründeten Weinbaube-
trieb an der richtigen
Adresse. Pinotage, Sauvi-
gnon blanc oder Chardonnay, in einer modernen
Winery erzeugt, repräsentieren den südafrikanischen Weinbau gut, der frische Chenin blanc ist
besonders gelungen. »Two Oceans« ❷ nennt
sich die wohl bekannteste Linie.

Durbanville Hills ★★ – ★★★★
Durbanville
Von außen ein riesiger Betonklotz auf einem Hügel bei Durbanville, drinnen eine mit 68 Millionen Rand errichtete High-Tech-Winery mit blit-
zenden Stahltanks, in die ganz selbstverständlich schon mal Holzstäbe (inner staves) einge-
setzt werden. Der nagelneue Betrieb, der von
sieben Farmen Trauben bezieht, brachte 1999
seinen ersten Jahrgang auf den Markt. Mit Erfolg: Der hemdsärmelige Winemaker Martin
Moore, ein großer Fan Elsässer Weine, hat Talent, und was an Syrah, Pinotage oder Cabernet
Sauvignon im riesigen Barriquechai lagert, gibt
zu großen Erwartungen Anlass. Die 2000er Sauvignon blancs präsentierten sich, direkt aus dem
Tank verkostet, beeindruckend fruchtig.

Fairview ★ – ★★★★
Suider-Paarl

Charles Back erzeugt
von seinen 400 Hektar
Reben ein schier un-
überschaubares Sorti-
ment an Weinen: dunk-
len, reifen, kirschfruchtigen Shiraz, einen
interessanten Malbec oder den üppigen Merlot

❷. Wie wär's vielleicht mit dem reinsortigen Carignan – mächtig und fruchtig? Oder dem
»Goats do Roam«, einer im Rhône-Stil bereite-
ten Cuvée aus Cinsault, Shiraz, Mourvèdre und
Carignan sowie etwas Pinotage. Und das sind
erst die Roten, bei den Weißen gefallen der
kraftvolle Semillon, der fruchtige Viognier, auch
der Chardonnay mit viel neuem Holz hat Power.
Wer zartgliedrige Weine schätzt, ist hier sicher
nicht an der richtigen Adresse, aber die massiven, fruchtigen Tropfen beherrscht Back perfekt.

Glen Carlou ★ – ★★★
Klapmuts (Paarl)
Walter und David Finlayson, die diesen Betrieb
zusammen mit dem Schweizer Investor Donald
Hess besitzen, sind stolz auf ihren gespriteten
Süßwein im Port-Stil (namens »Cape Vintage«),
auch auf den roten »Grande Classique« ❸ im
Bordeauxstil. Doch an erster Stelle kommt der
komplexe, in seiner Jugend oft von Eichenwürze
dominierte Chardonnay Reserve.

Grangehurst ★★★★
Stellenbosch
Jeremy Walkers kleine, feine Winery (die ausschließlich mit zugekauften Trauben arbeitet)
scheint von Jahr zu Jahr immer besser zu werden. Der im klassischen Bordeauxstil vinifizierte
Cabernet Sauvignon-Merlot-Blend ist ein fruchtiger, nobler Wein, in überwiegend französischer
Eiche gereift. Man darf ihn nach der Abfüllung
getrost ein paar Jahre im Keller vergessen – und
das kann man weiß Gott nicht von jedem Wein
am Kap sagen! Charmanter, saftiger und in der
Regel alkoholreicher ist der schokoladige Pinotage. Die Produktion wurde erweitert, dennoch
sind die erzeugten 9 000 Kisten Wein immer
schnell ausverkauft.

Groot Constantia ★ – ★★★
Constantia

Nachbar und Konkurrent von Klein Constantia mit gleichen Ursprüngen bis zum Jahr 1679 zurück. Ein beliebtes und empfehlenswertes Touristenziel mit umfassenden Probiermöglichkeiten. Der neue Winemaker Bob de Villiers dürfte das 100-Hektar-Estate weiter an die Konkurrenten in der Region heranführen, mit einem konzentrierten unfiltrierten Shiraz Reserve, dem Cabernet Sauvignon oder dem üppigen, in neuen Barriques ausgebauten Chardonnay Reserve. Auf den leicht süßen Weißen Riesling ist man hier stolz, doch scheint der trockene Sauvignon blanc meist interessanter.

Hamilton Russell ★★★ – ★★★★
Hermanus (Walker Bay)

An Anthony Hamilton Russells Pinot noir kommt niemand vorbei, der nach Vertretern dieser Rebsorte am Kap sucht. Tiefrubinrot, würzig, kraftvoll, elegant ist der Wein von 22 Hektar Reben, merklich von Holz geprägt, aber jung bereits mit Genuss zu trinken (fantastischer 97er). Eine Steigerung ist nochmals der rare »Ashbourne«, ein unfiltrierter Super-Pinot noir, erstmals 1996 erzeugt. Der elegante, seidige Chardonnay – 30 Hektar sind mit dieser Sorte bepflanzt – ist ein Wunder an Balance zwischen Frucht, Holz und Säure: 1999 und 1997 überzeugen voll, die Erträge betragen kaum über 40 Hektoliter pro Hektar. Auch hier ist der »Ashbourne« nochmals eine Steigerung.

Jordan ★★ – ★★★
Die Boord (Stellenbosch)
Gary und Kathy Jordan begannen 1982 mit der Pflanzung von Cabernet Sauvignon, Merlot, Sauvignon blanc und Chardonnay auf ihrem 146-Hektar-Besitz. Ihr erster Jahrgang war der 1993er, und der schlug gleich ein in der südafri-

kanischen Weinszene. Die Weine wie der Cabernet Sauvignon oder der Merlot Reserve altern in französischen Barriques. Auch der Blanc Fumé (ein holzfassgereifter Sauvignon blanc) und der komplexe Chardonnay wurden in den letzten Jahren mit Auszeichnungen überhäuft. Fast immer zu Recht.

Kanonkop ★★★ – ★★★★
Elsenburg (Stellenbosch)
Wenn man von Pinotage spricht, der einzigen wirklichen südafrikanischen Rotweinspezialität, redet man zwangsläufig von Kanonkop. Winemaker Beyers Truter, seit 1980 verantwortlich, erzeugt einen der besten Pinotages am Kap, hat in seinem zweistöckigen Barriquechai aber auch andere Sorten versammelt: Der in ausschließlich neuem Holz ausgebaute »Paul Sauer«, die Kanonkop-Spitzencuvée, ist ein Blend im Bordeauxstil (der 99er, vom Fass probiert, verspricht einiges!), auch der reinsortige Cabernet Sauvignon enttäuscht selten. Und der »Kadette« aus Cabernet, Merlot und Pinotage ist ein fruchtiger Charmeur. Truter ist auch verantwortlich für die Weine des 133-Hektar-Gutes Bouwland. Seinen Namen verdankt Kanonkop übrigens einer echten Kanone, die auf einem Hügel stand und einfahrende Schiffe begrüßte; ein Modell ziert heute die Einfahrt des Gutes.

Kanu ★★ – ★★★
Stellenbosch

Im gleichen Besitz wie Mulderbosch und nur ein paar Kilometer entfernt, befindet sich dieser Betrieb. Kanu ist der neue Markenname der historischen Farm Goedgeloof, unter dem der junge Winemaker Teddy Hall leichte, fruchtige Chenin blancs oder Sauvignon blancs vermarktet. Gelungen sind die Rotweine: der Merlot mit Kirsch-Schokoladen-Noten (exzellenter 98er) oder der Shiraz mit 14 Prozent Alkohol und süßer Frucht. Als elegant kann man diese Weine nicht bezeichnen – aber saftige, perfekt vinifizierte, ungemein geradlinige Gewächse sind es allemal. »Kanu Red« ist eine preiswerte Cuvée ❷ aus Ruby Cabernet und Cinsault.

Ken Forrester ★ – ★★★
Stellenbosch

Teresa und Ken Forrester gelten als zwei der unumstrittenen Chenin-blanc-Spezialisten Südafrikas. Die Weine unterscheiden sich von jenen der gleichen Sorte von der Loire, sind üppiger, fruchtiger und alkoholreicher. Forrester erzeugt auch eine süße Version aus botrytisbefallenen Beeren, die schon eher an die großen Süßweine aus Frankreich erinnert, an Bonnezeaux oder Coteaux du Layon.

Klein Constantia ★★ – ★★★★★
Constantia

Eines der berühmtesten Weingüter Südafrikas in einem legendären Anbaugebiet. 1679 sicherte sich der damalige Gouverneur Simon van der Stel dieses Land und pflanzte Reben. Klein Constantia und Groot Constantia waren damals ein einziger Weinbaubetrieb. Heute gehört Klein Constantia Duggie und Lowell Jooste, und von den 75 Hektar Reben kommt nicht nur der süße Vin de Constance ❺, eine aus sehr zuckerreichen Beeren gewonnene Spezialität, die noch nicht in Deutschland erhältlich ist. Auch die Weißweine (Sauvignon blanc ❷ und barriquegereifter Chardonnay) profitieren vom reichhaltigen Niederschlag der Gegend.

KWV ★ – ★★★★
Paarl
Unter dem Kürzel KWV wurden und werden gigantische Mengen Wein in die Welt verschifft.

Gegründet hat man die Kooperative Wijnbouwers Vereniging van Zuid Afrika als Dachorgansiation des südafrikanischen Weinbaus bereits 1918. Der Export wurde lange Zeit exklusiv von der KWV beherrscht, heute muss die riesige Kellerei, seit 1997 eine ganz normale Firmengruppe und kein Genossenschaftsverband mehr, auch auf dem Auslandsmarkt mit den anderen Weingütern des Landes konkurrieren. Und das gelingt ihr gar nicht mal so schlecht, dank eines durchaus eleganten Cabernet Sauvignon oder der Spitzenlinie »Cathedral Cellar«, in der wiederum der »Tryptich« der bekannteste Wein ist: eine Cuvée aus Cabernet Sauvignon, Cabernet franc und Merlot, zwei Jahre im Barriquefass ausgebaut. Winemaker Kosie Möller ist durchaus in der Lage, exzellente Tropfen abzuliefern und beweist dies nicht zuletzt mit dem neuen, für südafrikanische Verhältnisse extrem teuren »Abraham Perold Shiraz« ❺, einer Single-Vineyard- Abfüllung.

La Motte ★★ – ★★★
Franschhoek
Eines der bekanntesten Güter in Franschhoek – und eines, das den französischen Weinstil im Blick hat. Winemaker Jacques Borman erzeugt einen distinguierten, zurückhaltenden Cabernet Sauvignon, zur Hälfte in neuem Holz ausgebaut, sowie den Bordeauxblend Millennium ❸ oder eleganten, cremigen Chardonnay. Der Shiraz ❸ fällt nicht so üppig aus wie bei anderen Winerys in Südafrika. Mit ein bisschen Elan könnte dieser Betrieb ganz zur Spitze aufschließen.

Laborie ★ – ★★★
Suider-Paarl

Ein Estate-Weingut mit Tradition bis ins 17. Jahrhundert zurück, das heute zur KWV gehört. Die Weine mit dem schlichten Etikett zählen zu den zuverlässigen in Paarl. Der fruchtige Pinotage, ein klassischer Cabernet Sauvignon oder der Sauvignon blanc enttäuschen fast nie, einige überdurchschnittliche Schaumweine werden erzeugt.

Laibach ★★ – ★★★
Stellenbosch

Auch bei diesem aus dem Jahr 1818 stammenden Betrieb investierten Ausländer nach dem politischen Umschwung der Neunzigerjahre des 20. Jahrhunderts. Der deutsche Friedrich Laibach baute den modernen Keller und erzeugte seinen ersten Wein 1997, seitdem steigert sich die Güte des üppigen, schokoladigen Merlots oder des Pinotage ❷–❸ von Jahr zu Jahr.

Le Bonheur ★★ – ★★★
Klapmuts (Stellenbosch)

Ein hübsches, Ende des 18. Jahrhunderts gegründetes Weingut. Neben den selten wirklich aufregenden Weißweinen aus Chardonnay ❷ und Sauvignon blanc überzeugt regelmäßig der Cabernet Sauvignon, der jung bereits fruchtig und charmant, aber auch alterungsfähig sein kann. Winemaker Sakkie Kotzé hat den Keller behutsam auf den neuesten Stand der Technik gebracht.

Lievland ★ – ★★★
Klapmuts (Stellenbosch)

In dem 65-Hektar-Estate wurden in den letzten Jahren Cabernet franc und Shiraz, aber auch Merlot und Petit Verdot gepflanzt. Der Shiraz überzeugt in der Regel mehr als der manchmal etwas rustikale Bordeauxblend namens »DVB«.

Linton Park ★ – ★★★
Wellington

Eine kürzlich wiederbelebte Farm mit Potenzial: eleganter Cabernet Sauvignon, kraftvoller Shiraz. Winemaker Ian Naudé hat Talent und könnte den Betrieb an die südafrikanische Spitze führen. Mal abwarten.

L'Ormarins ★ – ★★★
Franschhoek

Seit dem 17. Jahrhundert wachsen hier, im Westen der Region Franschhoek, Reben. Und seit 1969 gehört das Estate Anthonij Rupert: Außer einer Palette an wenig aufregenden Weißweinen erzeugt er unter dem Namen »La Maison du Roi« einen klassischen Cabernet Sauvignon sowie den eher eleganten als ausladenden Shiraz.

Meerlust ★★ – ★★★
Faure (Stellenbosch)

Unzählige nagelneue Barriques stapeln sich übereinander in metallenen Gestellen der beiden Keller: Das Estate, seit Generationen im Besitz der Familie Myburgh, beeindruckt schon von außen. Winemaker Giorgio dalla Cia, ein gebürtiger Italiener, ist seit 1978 für den Wein verantwortlich. Etwa für den »Rubicon« ❹, eine klassische Bordeauxcuvée, den holzfassgeprägten Pinot noir in einem eigenwilligen Stil oder für den fruchtigen, leider zu teuren Merlot ❹. Der Chardonnay (18 Monate Hefekontakt) kann schon mal ein wenig rustikal wirken (»reich und konzentriert«, nennt dalla Cia seinen Stil). Vielleicht arbeitet man hier mittlerweile, vom Erfolg eingeschläfert, ein wenig zu routiniert. Ob die geplante Erweiterung des Betriebes auf dann fast 400 Hektar daran etwas ändern wird?

Middelvlei ★★ – ★★★
Stellenbosch

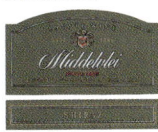

Von knapp 124 Hektar ernten Jan Momberg und seine Söhne Tinnie und Ben ihre Trauben. Zum überwiegenden Teil rote Sorten – Pinotage, Shiraz und Cabernet Sauvignon –, aber auch Chardonnay. Die Mombergs, seit 1919 Eigentümer des Estates, beherrschen den Umgang mit dem kleinen Holzfass ausgezeichnet, was man nicht von jedem südafrikanischen Gut behaupten kann. Die Rotweine werden bis zu anderthalb Jahre im Barriquefass gelagert, nur ein Teil ist neu.

Mont du Toit ★★★★ – ★★★★★
Wellington

Caroline von Frankenberg, eine echte Hamburgerin, und der südafrikanische Rechtsanwalt Stephan du Toit gründeten 1997 ein Weingut. Doch damit nicht genug, sie engagierten gleich zwei deutsche Winzer – Bernd Philippi aus der Pfalz und Bernhard Breuer aus dem Rheingau – und machten mit dem 98er Mont du Toit bereits Furore. Die angepflanzten Rebsorten – neben Cabernet Sauvignon, Merlot und Syrah auch Cabernet franc, Malbec und Mourvèdre, Alicante bouché, Tempranillo und Petit Verdot – und die aus ihnen komponierte Cuvée setzen Maßstäbe. Die 1998 erzeugte und 2001 ausgelieferte Special Reserve ❺ dürfte diese bereits eindrucksvolle Leistung nochmals steigern. Der »Hawaquas« ist ein leichter, früher trinkreifer Rotwein.

Morgenhof ★★ – ★★★★
Stellenbosch

Das Weingut, ein eingetragenes Estate, wurde bereits 1692 gegründet. Seit 1993 im Besitz der Familie Cointreau-Huchon

(ja, die Cointreau-Dynastie aus Frankreich), beeindruckt das Gut schon durch den gepflegten Park, die 67 Hektar Weinberge und den sehenswerten Barriquechai mit rund 2 000 kleinen Holzfässern. Die erzeugten Weine reichen von sehr ordentlich ❷ (barriquegereifter Chenin blanc) bis zu ausgezeichnet (die Première Sélection aus Cabernet Sauvignon, Cabernet franc und Merlot).

Mulderbosch ★★★★
Stellenbosch

Mike Dobrovic, der Winemaker von Mulderbosch, ist nicht nur ein Könner im Keller, sondern auch ein großer Hundefreund. Und so toben nicht nur mehrere Vierbeiner durchs Haus, auch der Top-Rotwein »Faithful Hound« ❹ ist nach einem von ihnen benannt: Er besteht aus Merlot, Cabernet Sauvignon und Malbec. Die Sauvignon blancs – ob stahl- oder fassgereift – sind berühmt, der mineralische, teilweise im Holz gelagerte »Steen-op-Hout« ❷, ein Chenin blanc, ist ein äußerst gelungenes Beispiel seiner Gattung. Klasse ist auch der »unwooded« Chardonnay (1998er und 99er).

Muratie ★ – ★★
Koelenhof (Stellenbosch)

Eines der weniger bekannten Estates, im Besitz der deutschstämmigen Familie Melck. Für die Weinerzeugung ist Bruno Lorenzon verantwortlich, und weil der aus dem Burgund stammt, sind Pinot noir und Chardonnay natürlich die interessantesten Gewächse – nicht übertrieben alkoholgeprägt, eher elegant.

Nederburg ★ – ★★★
Paarl

Die Fülle an Weinen, die aus dieser berühmten Kellerei kommen, ist kaum noch zu zählen. Vom einfachen Cape

Riesling über saftige Rotweine (Pinotage) oder den legendären »Edelkeur« (einer der ersten großen Botrytisweine, 1976 erstmals ausgebaut) bis zu den »Private Bin«-Weinen. Letztere werden in kleinen Mengen hergestellt und auf der denkwürdigen Nederburg-Auktion zum Kauf angeboten. In diesem Betrieb, der jährlich rund 10 Millionen Flaschen erzeugt, hatte lange Jahre der Deutsche Günter Brözel die Verantwortung für die Weinbereitung.

Neethlingshof ★★ – ★★★★
Stellenbosch

 Das eindrucksvolle Anwesen mit 165 Hektar Reben, 1692 vom Deutschen Willem Lubbe gegründet, ist heute eines der beliebtesten Touristenziele von Stellenbosch. Im Restaurant Lord Neethling kocht ein Schweizer Küchenchef zu den Top-Weinen unter der Marke »Lord Neethling« ❸–❹. Pinotage und Cabernet Sauvignon beeindrucken mehr als die trockenen Weißweine oder der in Südafrika berühmte edelsüße »Riesling Noble Late Harvest« ❺. Guter Sauvignon blanc!

Neil Ellis ★★ – ★★★★
Stellenbosch

 Neil Ellis ist sicher einer der bekanntesten und talentiertesten Winemaker am Kap. Ellis bezieht seine Trauben nicht nur aus Stellenbosch, sondern auch aus Elgin oder von der südafrikanischen Westküste. Einige Sorten mag man als etwas kommerziell ansehen, andere, wie der Cabernet Sauvignon, der Pinotage oder die fabelhaften Reserves ❺, sind unbestreitbar Top-Weine. Langer Ausbau in Barriques, teilweise über zwei Jahre, und ein hoher Anteil an neuem Holz wird von seinen besten Gewächsen locker verdaut. So was funktioniert nur, wenn die Weine mit niedrigen Erträgen geerntet wurden und genügend Frucht und Extrakt

aufweisen. Auch Chardonnay ❸ und Sauvignon blanc überzeugen. Mit Werner Näkel, dem deutschen Ahr-Winzer, gründete Ellis das Gemeinschaftsprojekt »Zwalu« (was übersetzt Neubeginn heißt), eine Cuvée aus Cabernet Sauvignon, Cabernet franc und Merlot. Der 98er beeindruckt ❹, aber bereits der Zweitwein »Z« ❸ ist ein gut gemachter Tropfen.

Paul Cluver ★ – ★★
Grabouw (Elgin)
Der Weinbaupionier im eigentlich auf den Apfelanbau spezialisierten Anbaugebiet Elgin. Mit seinem vergleichsweise kühlen Klima ist in dieser Region das Potenzial für beste Weißweine vorhanden. Cluver lieferte seine Trauben lange an die Kellerei Nederburg, baut aber in diesem Estate seit 1997 seine Weine selbst aus. Vor allem der »unwooded« Sauvignon blanc überzeugt, daneben gibt es auch »Noble Late Harvest« aus Rhine (oder Weißem) Riesling sowie sehr ordentlichen Cabernet Sauvignon.

Pierre Jourdan siehe Cabrière

Plaisir de Merle ★★ – ★★★★
Simondium (Paarl)

 Das Vorzeigeweingut der Stellenbosch Farmers' Winery. Der Großteil der Ernte von fast 400 Hektar Reben geht freilich in die gewaltige Erzeugung von Nederburg (siehe dort). Von den unter eigenem Label abgefüllten Sorten überzeugen die roten – Shiraz, Cabernet Sauvignon und der exzellente Merlot – noch mehr als die weißen, wenngleich auch der Chardonnay überdurchschnittlich gut ist. Eines prominenten önologischen Beraters kann man sich rühmen: Paul Pontallier von Château Margaux hinterlässt seine Handschrift in den Plaisir-de-Merle-Weinen.

R & de R – Fredericksburg ★★★
Simondium (Paarl)
Anthonij Rupert von L'Ormarins und Baron Ed-

mond de Rothschild haben hier ein französisch-südafrikanisches Joint Venture aufgezogen, das bald zu den Tops im Lande zählen könnte. Wunderbar eleganter Chardonnay und sehr guter Cabernet-Merlot-Blend stammen aus dem 98er Jahrgang.

Rust en Vrede ★★★
Stellenbosch

 Jannie Engelbrecht ist nicht der einzige südafrikanische Ex-Rugbyprofi, der sich als Besitzer eines Weingutes versucht.

Aber mit seinem »Rust en Vrede Estate Wine« (aus Cabernet, Syrah und Merlot ❹), rund eineinhalb Jahre in neuen Barriques gelagert, oder mit dem reinsortigen Shiraz hat er einen bemerkenswerten Erfolg im Export. Eine Spezialität ist der rote Tinta Barocca.

Rustenberg ★★★ – ★★★★★
Stellenbosch
Vermutlich das beeindruckendste Weingut des Landes. Simon Barlow ließ das malerische Anwesen mit 1 200 Hektar Weideland, Wiesen und Weinbergen (65 Hektar) komplett renovieren. Im Kuhstall entstand eine High-Tech-Winery mit außergewöhnlichem ästhetischem Charme, der Probierraum ist ein innenarchitektonisches Meisterstück. Spitzenklasse besitzen der in neuem Holz ausgebaute »Five Soldiers Chardonnay« sowie der rote »Rustenberg« (Cabernet und Merlot) und der »Peter Barlow« (reinsortiger Cabernet Sauvignon). Brampton nennt sich die Zweitlinie des Hauses – und als »Q.F. 1« wird ein erstaunlicher, botrytisgeprägter süßer Chardonnay verkauft.

Saxenburg ★★ – ★★★★
Kuils River (Stellenbosch)
Neben dem frischen Sauvignon blanc ❷ überzeugen in diesem großzügigen Anwesen (mit gutem Restaurant Guinea Fowl!) vor allem die Rotweine der Top-Linie »Private Collection«.

Nico van der Merwe ist verantwortlich für den erstklassigen Shiraz oder den massiven Cabernet Sauvignon ❹. Auch einfachere Rot- und Weißweine werden hier erzeugt. Star ist der 1997 erstmals erzeugte »Saxenburg Special Shiraz« (SSS) ❺, eine Mini-Cuvée von einem kleinen Weinberg, in neuen Barriques ausgebaut.

Simonsig ★ – ★★★
Koelenhof (Stellenbosch)
Die Malans haben noch einiges vor mit ihrem Weingut in Stellenbosch. Obwohl eine Fülle an schlichten weißen und roten Sorten – trocken oder lieblich – das Estate verlässt, gehört die Liebe von Winemaker Johan Malan offenbar dem Chardonnay oder dem Pinotage.

Slaley ★★ – ★★★★
Koelenhof (Stellenbosch)
Einer der neuesten Geheimtipps unter den südafrikanischen Weinfarmen. Vor allem der Shiraz Reserve von Winemaker Christopher van Dieren setzt neue Maßstäbe, aber auch der Chardonnay ❸ hat Klasse.

Somerbosch ★ – ★★
Die Boord (Stellenbosch)

 Aufsteigende Tendenz ist vor allem bei den Rotweinen der Familie Roux zu erkennen. Der Chenin blanc kommt zu üppig daher, aber Cabernet Sauvignon oder Merlot gefallen.

Steenberg ★★ – ★★★
Constantia
Ein Betrieb, der lange im Schatten von Buiten-

 verwachting und Klein Constantia stand, aber langsam aus diesem heraustritt. Winemaker Nicky

Versfeld liefert mit dem Sauvignon blanc Reserve einen konzentrierten Vertreter dieser Sorte, erzeugt aber auch gute Rotweine (Merlot, rarer Pinot noir).

Stellenbosch Farmers' Winery ★ – ★★
Stellenbosch

Ein Weinkonzern, um den man in Südafrika kaum herumkommt. Unter dem Markennamen »Sable View« wandern schlichtere rote und weiße Sorten in den Export. Der Name »Lanzerac« wird für legendären Pinotage genutzt – während auch eine von der Stellenbosch Farmers' Winery unabhängige Lanzerac-Farm existiert. Auch Plaisir de Merle gehört zum Imperium.

Stellenbosch Vineyards ★ – ★★
Stellenbosch

Die 1996 gegründete Weinfirma mit ihren vier Einzelbetrieben bringt es fertig, trotz ihrer beeindruckenden Größe, einige weit überdurchschnittliche Weine zu erzeugen. Aus den Winerys mit ihrer Kapazität von 20 Millionen Litern stammen der saftige, extraktreiche Shiraz oder ein klarer Sauvignon blanc. Andere Sorten, vor allem die halbtrockenen Weißweine, sind weniger eindrucksvoll und nur für den südafrikanischen Markt interessant.

Stellenzicht ★ – ★★★★
Stellenbosch

Ein und dieselbe Rebsorte, aber unter verschiedenen Namen vermarktet: Syrah ❺ und Shiraz. Ersterer ist die große Rarität des Betriebes und stammt von einer kleinen Parzelle mit sehr geringem Ertrag. Nicht zu vergessen der Chardonnay, für den Stellenzicht (wörtlich: die Sicht auf Stellenbosch) schon lange bekannt war. Verkauft werden die Weine auf Neethlingshof.

Thelema Mountain Vineyards ★★★ – ★★★★
Stellenbosch

Eines der berühmtesten Weingüter Südafrikas und eines, das immer am schnellsten ausverkauft ist. Bereits draußen hängt ein Schild, das

bedauernd verkündet, dass nur noch der süße Muscat de Frontignan zu haben sei. Doch die Kenner schätzen den eleganten Chardonnay und den fruchtbetonten, erstaunlich konzentrierten Sauvignon blanc, natürlich auch den hervorragenden Cabernet Sauvignon. Der Merlot erreicht nicht ganz den Standard der übrigen Sorten.

Twee Jonge Gezellen ★★ – ★★★
Tulbagh

Weit nördlich von Kapstadt hält Nicky Krone die Fahne des Weinbaugebietes Tulbagh hoch – mit fruchtigen, spritzigen Weißweinen und in Flaschengärung (Méthode Cap Classique) erzeugten Schaumweinen.

Uiterwyk ★ – ★★★★
Vlottenburg (Stellenbosch)

Neben allerlei durchschnittlich guten Weinen erzeugen Danie de Waal und seine Söhne Daniël und Chris einige exzellente Rotweine: Vor allem der Pinotage von alten Reben (»Top of the Hill«) ist ein langsam reifendes, dichtes Meisterstück.

Uitkyk ★ – ★★★
Elsenburg (Stellenbosch)

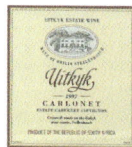

Ein malerisches Weingut mit eindrucksvollem Gebäude, 207 Hektar Reben und einer Tradition bis zum Jahr 1712 zurück. Star des Hauses ist sicher der »Carlonet«, ein reinsortiger Cabernet Sauvignon mit dem rechten Maß an Holzeinfluss.

Veenwouden ★★★★ – ★★★★★
Noorder-Paarl

Die Brüder Deon und Winemaker Marcel van der Walt, der eine Tenor, der andere Ex-Golfprofi, haben das 15 Hektar große Weingut zu einem der Top-Güter des Landes gemacht; 70 Prozent gehen in den Export. Ob der reinsortige Merlot ❹ oder der »Classic« aus Cabernet Sauvignon, Cabernet franc, Merlot und Malbec mehr überzeugt? Schwer zu sagen: Die Weine präsentieren sich schon vom Fass ungeheuer fruchtig, schokoladig, dicht und vielschichtig. Wer da an Michel Rolland denkt, hat nicht ganz Unrecht – der Franzose berät die van der Walts. Vom äußerst raren, mittels Batonnage hergestellten Chardonnay ❺ gibt es nur einige Hundert Flaschen zum Privatgenuss der Familie. Sollte man eine auftreiben, ist fast jeder Preis gerechtfertigt.

Verdun ★★ – ★★★
Vlottenburg (Stellenbosch)
Unter Winemaker Jan van Rooyen tut sich etwas auf diesem 1772 gegründeten Estate: Cabernet Sauvignon und Merlot, in neuem Holz gereift, überzeugen mit Extrakt und Eleganz. Der seit 1997 erzeugte »Theresa« aus beiden Rebsorten, benannt nach der Tochter des Besitzers, ist alles andere als ein alkoholbetonter Monsterwein, sondern ein fruchtiger, ausgewogener Roter im Bordeauxstil.

Vergelegen ★★ – ★★★★
Somerset West (Stellenbosch)
Eine beeindruckende Palette an Weinen, die da unter der Verantwortung von André van Rensburg erzeugt wird: klarer, fruchtbetonter Einzellagen-Sauvignon blanc, und auch der Rotwein im Bordeaustil ist ein Muster an Ausgewogenheit. Es gibt nicht wenige Kenner, die diesem Betrieb zutrauen, ganz an die Spitze des Kapweinbaus zu gelangen.

Villiera ★ – ★★★
Koelenhof (Paarl)
Es wäre wohl zu viel verlangt, würde man von einem riesigen Weinbaubetrieb wie diesem nur Spitzenqualitäten erwarten. Winemaker Jeff Grier, mit seiner Familie auch Besitzer des Betriebes, bietet Gewürztraminer, lieblichen Weißwein

oder süße Likörweine im Port-Stil an. Aufregend wird's beim schlanken Sauvignon blanc aus Bush Vine-Reben, dem überdurchschnittlichen Chenin blanc oder dem roten »Cru Monro« aus Cabernet Sauvignon und Merlot.

Von Ortloff ★★ – ★★★★
Franschhoek

Die Deutschen Georg und Evi Schlichtmann – er ehemaliger BMW-Manager, sie Architektin – haben sich 1993 auf der Dassenberg-Farm am Rande Franschhoeks niedergelassen und erzeugen Wein von 15 Hektar Reben. Das Weingut wurde komplett renoviert, mit einem eindrucksvollen klimatisierten Barriquekeller ausgestattet und nach Evi Schlichtmanns Großvater benannt. Sehr ordentlich präsentieren sich die Weißweine aus Chardonnay und Sauvignon blanc, immer faszinierender die roten Sorten: der reinsortige Merlot No. 7 oder die Cuvée aus Cabernet Sauvignon und Merlot. Was 1999 geerntet wurde, gibt zu den schönsten Erwartungen Anlass.

Vriesenhof ★ – ★★★
Stellenbosch

Jan Coetzee gehört zum südafrikanischen Winzer-Urgestein. Der Ex-Rugbyprofi und studierte Önologe begann seine zweite Karriere 1967. Den Vriesenhof kaufte er 1980 und nach einem Praktikum im Burgund stieg die Qualität seiner Weine steil an. Vorzeigewein ist der »Kallista« ❸ aus Cabernet Sauvignon, Cabernet franc und Merlot. Auch der vor Frucht übersprudelnde Pinotage von 24 Jahre alten Bush Vines oder der reinsortige, alterungsfähige Cabernet Sauvignon gelingen immer: Schließlich war Coetzee in den Siebzigerjahren Weinmacher auf Kanonkop. Die übrigen Weine – unter den Labels »Talana Hill« und »Paradyskloof« – sind nicht immer herausragend, aber stets zuverlässig und sauber vinifiziert.

Warwick ★★ – ★★★★
Muldersvlei (Stellenbosch)

Ja, Chardonnay gibt's auch auf Warwick Estate, und der ist gar nicht mal so schlecht. Aber hauptsächlich werden von Norma und Stan Ratcliffe rote Sorten erzeugt. »Trilogy« ❹ heißt der Vorzeigewein des Gutes, eine in neuer und gebrauchter französischer Eiche ausgebaute Cuvée aus Cabernet Sauvignon, Merlot und einem Schuss Cabernet franc. Exzellent ist auch der pfeffrige reinsortige Cabernet franc (1996!, 1997!), fast eine Rarität der Pinotage von Buschreben.

Yonder Hill ★ – ★★
Stellenbosch
Seit Winemaker David Lockley hier im Jahr 1998 das Ruder übernommen hat, geht es aufwärts mit den Weinen. Der gut ausbalancierte Chardonnay oder der saftige, dichte Merlot scheinen das meiste Potenzial zu besitzen.

Zandvliet ★ – ★★★

Ashton (Robertson) Spezialität von Dan und Paul de Wet ist der Shiraz, ganz vorn der üppige, dichte »Kalkveld«, in französischen Barriques gereift. Außerdem tadellose, kräftige Weißweine aus Chardonnay oder Sauvignon blanc.

Zevenwacht ★ – ★★★
Kuils River (Stellenbosch)

Mit 160 Hektar Rebfläche eines der größeren Estates. Harold und Denis Johnson kauften Zevenwacht 1992 und investierten in die Renovierung des Gutes. Neben Pinotage und Cabernet Sauvignon verspricht neuerdings der Shiraz einiges an Qualität für die Zukunft. »Blanc de Blancs« nennt sich eine leichte, weiße Rebsortencuvée.

Zonnebloem ★ – ★★★
Stellenbosch

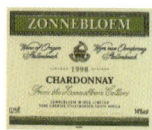

Einer der wichtigsten Betriebe im Repertoire des Konzerns Stellenbosch Farmers' Winery. Cabernet Sauvignon, Shiraz und Sauvignon blanc gehören regelmäßig zu den interessantesten Weinen, auch der üppige Chardonnay ❷ ist eine Probe wert.

Zwalu siehe Neil Ellis

Außer den genannten Weingütern erzeugen noch andere Betriebe überdurchschnittliche Gewächse – auch wenn bei einigen von ihnen die einfachen Weine den Hauptteil der Produktion ausmachen. Zu den Gütern, die man im Auge behalten sollte, gehören sicherlich (in alphabetischer Reihenfolge):
Agusta (Franschhoek)
Altydgedacht (Durbanville)
Axe Hill (Calitzdorp, Klein Karoo)
Beaumont (Bot River, Walker Bay)
Boschendal (Groot Drakenstein, Franschhoek)
Constantia Uitsig (Constantia)
De Trafford (Stellenbosch)
Dieu Donné (Franschhoek)
Eikendal (Stellenbosch)
Graham Beck (Robertson)
Hartenberg (Koelenhof, Stellenbosch)
Hoopenburg (Stellenbosch)
J.P. Bredell (Helderberg, Stellenbosch)
Kleine Zalze (Die Boord, Stellenbosch)
Landskroon (Suider-Paarl)
Lanzerac (Uniedal, Stellenbosch)
L'Avenir (Stellenbosch)
Longridge (Stellenbosch)
Overgaauw (Vlottenburg, Stellenbosch)
Rozendal (Stellenbosch)
Ruitersvlei (Suider-Paarl)
Thandi (Grabouw, Elgin)
The House of J.C. Le Roux (Stellenbosch)
Tukulu (Darling, Swartland)
Welgemeend (Klapmuts, Paarl)

Vinoteca-Empfehlungen

In dieser Tabelle finden Sie Weine verschiedener Preisgruppen und Qualitäten, die wir für besonders erwähnenswert erachten. Leider können wir keine Garantie dafür übernehmen, dass diese Weine noch lieferbar sind, und ihre Qualität kann von Jahr zu Jahr schwanken. Je nachdem, wo Sie die Weine kaufen, können Preisunterschiede auftreten.

Weinname	🍷🍷	★	➊	🍴	🥂
Pierre Jourdan Cuvée brut Méthode Cap Classique Cabrière (S. 60)	Schaumwein mit feinem Mousseux, zarter Frucht, leichtem Hefeton	★★★	➌	in den ersten beiden Jahren trinken	als Aperitif, zu Austern, leichten oder auch kräftiger gewürzten Vorspeisen
Chenin blanc Morgenhof (S. 65)	leichter, frischer Weißwein	★★	➋	in den ersten beiden Jahren nach der Ernte am besten	zum Imbiss, zu leichten Vorspeisen, Meeresfrüchten
Sauvignon blanc Buitenverwachting (S. 59)	glasklarer, gut strukturierter Weißwein mit fruchtigen und pflanzlichen Aromen	★★★	➋	in den ersten beiden Jahren trinken	Austern, Sushi, Fischgerichte, Spargel
Sauvignon blanc Reserve Steenberg (S. 67)	würziger Weißwein mit Barriquelagerung und eleganter Frucht	★★★	➌	1–4 Jahre	gebratener Fisch, Crayfish, Hartkäse, asiatische Speisen
Chardonnay Hamilton Russell (S. 62)	seidiger, eleganter Weißwein mit einem Touch Holzeinfluss	★★★– ★★★★	➌	3–6 Jahre mit Genuss zu trinken	Crayfish, Steinbutt, Fisch mit sahnigen Saucen, Bobotie
Kanu Red (S. 62)	kräftiger Rotwein mit Frucht und Charme	★★–★★★	➋	2–4 Jahre ein Genuss	Geflügel mit würzigen Saucen, Hartkäse, Bobotie, gereift zu Wildgeflügel
Pinotage Kanonkop (S. 62)	dunkler, eleganter Rotwein mit deutlichen Fruchtnoten	★★★– ★★★★	➍	nach 2 Jahren bereits genussreif, nach 5 Jahren noch besser	Geflügel, Käse, Pasta mit würzigen Saucen, Lamm, Rehrücken
Cabernet Sauvignon/ Merlot Grangehurst (S. 61)	kraftvoller Rotwein mit eleganter, tiefer Frucht	★★★★	➍	2–8 Jahre	gebratenes Rindfleisch, Wild
Syrah Boekenhoutskloof (S. 59)	schokoladig-würziger Rotwein mit außergewöhnlicher Frucht und Struktur	★★★★★	➎	3–8 Jahre oder länger mit Genuss zu trinken	Wild, Lamm mit würzigen Saucen
Zwalu Neil Ellis (S. 66)	komplexer Rotwein mit tiefer Frucht und Länge	★★★★	➍	3–8 Jahre Reifepotenzial	kräftige Fleischgerichte, Wild
Mont du Toit Special Reserve (S. 65)	eleganter Rotwein mit Röstnoten, Würze und Fülle	★★★★★	➎	4–10 Jahre Reifepotenzial	Rinderfilet, Fleischgerichte mit würzigen Saucen, Wild

Gut einkaufen

VOR ORT

Die meisten der Weingüter und -kellereien können ohne Voranmeldung besichtigt werden. Bei den kleineren Estates oder Farmen empfiehlt sich dagegen eine kurze Benachrichtigung – während der Erntezeit im Februar und März haben die Erzeuger hier natürlich weniger Zeit. Weinproben sind oft gratis, in vielen größeren Betrieben und bei Gruppen verlangt man einige eher symbolische Rand – mehr als umgerechnet zwei oder drei Mark kostet eine Probe nicht. Sofern die Güter nicht ausverkauft sind – bei einigen bekannten Häusern wie Thelema wird man Mühe haben, noch eine Flasche mitnehmen zu dürfen – kann man selbstverständlich an Ort und Stelle einkaufen.

Vorsicht Hitzestau

Achten Sie bei einer Reise im Sommer und im Winter darauf, Ihren gekauften Wein nicht übermäßig lange im Auto liegen zu lassen. Starke Temperaturschwankungen sind der Qualität nicht sonderlich zuträglich. Kaufen Sie ihn lieber erst am Ende einer Reise oder lagern Sie ihn an einem geeigneten Platz zwischen.

IM WEINFACHHANDEL

Im Fachgeschäft

Hier gehen Sie auf Nummer sicher. Die Fachhändler sind meist auf einige Anbaugebiete oder Länder spezialisiert und kennen ihre Ware. Wenn Sie einen Händler gefunden haben, der auf südafrikanische Weine spezialisiert ist, werden Sie merken, dass die fachliche Betreuung hier ganz groß geschrieben wird. Auch für Sammler oder Raritätensuchende ist der Fachhandel besonders geeignet, denn wenn es um die Beschaffung seltener Weine geht, sind Sie hier an der richtigen Stelle.

Bewertung der Einkaufsquellen

Ort	Sortiment	Probiermöglichkeit	Preis	Lieferservice	Beratung
Erzeuger, Genossenschaft	beschränkt auf die Gutsweine	sehr gut	entsprechend Klassifikation	ab bestimmter Menge	sehr gut
Fachgeschäft	gut bis sehr gut	je nach Angebot	je nach Schwerpunkt	kaum	gut bis sehr gut
Versender	gut bis sehr gut	nur bei Probeanforderung	durch Versandkosten etwas höher	nur Lieferservice	gut
Messe	je nach Schwerpunkt	in der Regel gut bis sehr gut	meist nur Ordermöglichkeit	keiner	sehr gut
Supermarkt	im unteren Preissegment breites Angebot	nur bei Aktionen	je nach Angebot	keiner	gering bis gut

Im Weinversandhandel

Weinversender sind mittlerweile über die ganze Bundesrepublik verstreut und die georderten Weine sind in der Regel in wenigen Tagen bei Ihnen – auf Wunsch sogar über Nacht. Das Einkaufserlebnis beschränkt sich bei dieser Art des Weinkaufs jedoch lediglich auf die freudig erwartete Lieferung. Fragen Sie nach Probelieferungen, die oftmals zu einem Sonderpreis angeboten werden.

Bei Messen

Auch auf Weinmessen, die nicht ausschließlich einem Fachpublikum vorbehalten sind, können Sie südafrikanische Weine ordern. Achten Sie jedoch darauf, ihre Auswahl sorgfältig zu treffen und sich nicht von einem eifrigen Verkäufer überrumpeln zu lassen. Hier gilt die Devise: kühlen Kopf bewahren.

Im Supermarkt

Mittlerweile haben Kaufhäuser und der Lebensmitteleinzelhandel in Bezug auf Wein mächtig zugelegt. Häufig gibt es kleine Vinothek-ähnliche Bereiche mit einem außergewöhnlich guten Sortiment. Wenn Sie fachkundige Beratung wünschen, werden Sie in den meisten Fällen fündig. Vor allem große Kaufhaus-Ketten legen Wert darauf, ihr Personal aus den Lebensmittelabteilungen zu schulen und sind sich des Stellenwertes der Weine bewusst.

FRAGEN AN DEN VERKÄUFER

Nachdem Sie dieses Buch gelesen haben, wissen Sie eine Menge über südafrikanische Weine, die Weingüter, die Jahrgänge, den Anbau. Folgende Fragen zum Erzeuger Ihrer Wahl und seinen Weinen sollten Sie beim Einkauf stellen.

- Aus welchen Rebsorten stammt der Wein und wie hoch ist ihr jeweiliger Anteil? (S. 20–23)
- Auf welchem Boden sind die Reben gewachsen und welche Auswirkung hat er auf den Wein? (S. 24–25)
- Hat man die Trauben mit der Hand geerntet oder wurden sie mit der Maschine gelesen? (S. 26–27)
- Wie lange lag der Wein auf der Maische und wie lange dauerte der Gärungsprozess? (S. 28–29)
- Wie wurde der Wein ausgebaut: im Edelstahltank, im Holzfass, in der Barrique? (S. 28–29)
- Um welche Art von Produzenten handelt es sich: Winzer oder Genossenschaft? Ist es ein Traditionsbetrieb? (S. 58–70)
- War es ein außergewöhnlicher Jahrgang? (S. 33)
- Um welche Art von Wein handelt es sich: jung, alt, leicht, schwer? Zu welchem Essen passt er am besten? (S. 54–55)
- Ist der Wein zum sofortigen Genuss gedacht oder sollte er gelagert werden? (S. 32–33)

Klug einkellern: Weine aus Südafrika

Wenn Sie sich in Ihrem Weinkeller oder -regal ein Sortiment südafrikanischer Weine anlegen möchten, gibt es ein paar Dinge, die Sie beachten sollten. An erster Stelle steht die Temperatur: Achten Sie darauf, dass Ihre Weine während der Lagerung keinen großen Temperaturschwankungen ausgesetzt sind. Generell gilt: Lieber das ganze Jahr über bei 18 °C gelagert, statt im Sommer bei 25 und im Winter bei 8 °C. Als idealen Wert erachtet man eine Temperatur von 10 bis 12 °C.

Planungsphase

Bevor Sie Ihre Weine kaufen, sollten Sie sich über den Stellenwert, den südafrikanische Weine für Sie haben, und über Ihr Budget im Klaren sein. Anhand unten stehender Übersicht können Sie testen, wie wichtig Ihnen die Weine sind:

	30	20	10	Punkte
Wie wichtig sind Ihnen südafrikanische Weine?	Ich trinke sie sehr gerne.	Sie sind mir nicht so wichtig.	Sie schmecken mir nicht.	
Haben Sie geeignete Lagermöglichkeiten?	Kellerraum	Abstellkammer	Regal	
Wie viel Wein trinken Sie pro Woche?	über 4 Flaschen	bis zu 4 Flaschen	weniger als 2 Flaschen	
Gesamtpunktzahl				

Nun können Sie die Gesamtpunktzahl mit den folgenden Beispielen vergleichen. Wir haben einige Weine für Sie zusammengestellt, die Ihnen einen kleinen Anhaltspunkt geben sollen, welche Weine man für welchen Preis bekommt. Weitere Vorschläge zu den Weinen finden Sie in unserem Kapitel über die einzelnen Weingüter, Seite 58 ff.

80–90 Punkte

Sie sind Weinkenner und lieben südafrikanische Weine. Sie haben eine Faible für Spitzenweine und sollten in Ihrem Weinkeller eine eigene Südafrika-Abteilung einrichten. Unser Sortimentsvorschlag:

3 Flaschen Méthode Cap Classique ❸	DM	70,–
6 Flaschen Chenin blanc ❶	DM	50,–
6 Flaschen Sauvignon blanc ❷	DM	90,–
6 Flaschen Chardonnay Reserve ❸	DM	150,–
12 Flaschen Pinotage ❸	DM	260,–
6 Flaschen Cabernet Sauvignon ❸	DM	180,–
6 Flaschen Top-Rotwein ❺	DM	300,–
3 Flaschen Likörwein ❹	DM	100,–
48 Flaschen total	DM	1200,–

50–70 Punkte

Sie trinken südafrikanische Weine sehr gerne und sollten sich ein breites Sortiment anlegen. Unser Sortimentsvorschlag:

6 Flaschen Chenin blanc ❶	DM	50,–
6 Flaschen Sauvignon blanc ❷	DM	90,–
3 Flaschen Chardonnay Reserve ❸	DM	75,–
3 Flaschen Pinotage ❸	DM	90,–
3 Flaschen Cabernet Sauvignon ❸	DM	90,–
3 Flaschen Top-Rotwein ❺	DM	150,–
24 Flaschen total	DM	545,–

20–40 Punkte

Für Sie haben südafrikanische Weine keinen außergewöhnlichen Stellenwert. Sie sollten ein paar Flaschen im Keller haben, die sich lagern lassen und ab und an eine davon öffnen, wenn Ihnen danach ist. Unser Sortimentsvorschlag:

6 Flaschen Chenin blanc ❶	DM	50,–
2 Flaschen Chardonnay Reserve ❸	DM	50,–
2 Flaschen Pinotage ❸	DM	60,–
2 Flaschen Cabernet Sauvignon ❸	DM	60,–
12 Flaschen total	DM	220,–

Richtig servieren

Zum Weingenuss gehört das richtige Glas. Leichte Weine sollte man aus schmalen Gläsern trinken. In ihnen gelangen die feinen Aromen gebündelt in Nase und Gaumen. Körperreiche Gewächse vertragen etwas mehr Platz im Glas, um die Aromastoffe voll zu entfalten und bevorzugen die etwas bauchigeren Varianten. Dessertweine haben ein zartes Bukett und schmecken deshalb aus kleineren Kelchen am besten.

Generell gilt: Je voluminöser ein Wein, umso größer darf das Weinglas sein.

Kräftige Rotweine, aber auch holzfassgereifte Weißweine gewinnen oft deutlich, wenn man sie vor dem Genuss in eine Karaffe umfüllt (Dekantieren oder Karaffieren).

Tipp zum Spülen der Gläser

Die meisten der heute handelsüblichen Gläser können Sie getrost in die Spülmaschine stellen. Manche Erzeuger empfehlen dies sogar, da die Gefahr hier nicht so groß ist, dass ein Glas zerbricht, wie beim Spülen mit der Hand. Geben Sie möglichst wenig Reinigungsmittel in die Maschine und wischen Sie die Gläser sofort nach dem Spülgang mit einem sauberen, fusselfreien Tuch trocken. So vermeiden Sie Schlieren.

Achten Sie auf die richtige Ausschanktemperatur. Die Tabelle unten gibt Auskunft. Zu kühl ist in jedem Fall besser als zu warm. Bei Zimmertemperatur, die ja meist über 20 °C liegt, erwärmen sich die Weine im Glas rasch und die Trinktemperatur steigt schnell um einige Grade an.

8 – 10 °C	Weißweine
10 – 12 °C	Roséweine
12 – 14 °C	einfache Rotweine
14 – 16 °C	gehaltvolle Rotweine
16 – 18 °C	wuchtige Rotweine

Ein bauchiger Kelch für edle Rotweine.

Ein schlanker Rotweinkelch für Alltagsweine.

Ein schlanker Kelch für trockene, junge Weißweine.

Ein voluminöses Weißweinglas für Weine mittlerer Säure und reifere Tropfen.

(* überregionale Anbieter oder Versender)

65520 Bad Camberg-Erbach, Weindepot
Kauffmann, Tel. 0 64 34/53 32, Fax 3 73 43
76530 Baden-Baden, Cape Classic
Tel. 0 72 21/39 28 13, Fax 2 23 26
04509 Beerendorf, Weinhandlung Kleinke
Tel. 03 42 02/9 33 99, Fax 9 35 57
54570 Berlingen, Weine der Neuen Welt*
Tel. 0 65 91/39 29, Fax 51 93
10717 Berlin, Wein & Glas Compagnie
Tel. 0 30/2 35 15 20, Fax 23 51 52 22
10965 Berlin, Rigami Kap Weine
Tel. 0 30/6 94 12 60, Fax 6 94 12 60
12309 Berlin, Kapland Weindepot
Tel. 0 30/7 46 63 67, Fax 7 46 20 49
28203 Bremen, Gute Weine Lobenberg
Tel. 04 21/70 56 66, Fax 70 56 88
28217 Bremen, Ludwig von Kapff*
Tel. 04 21/3 99 43 00, Fax 3 99 43 01
28015 Bremen, Segnitz & Co.*
Tel. 0 42 03/8 13 00, Fax 81 30 99
46539 Dinslaken, The Wine Company
Tel. 0 20 64/9 07 40, Fax 9 04 00
44149 Dortmund, Mövenpick Weinland*
Tel. 02 31/96 51 56, Fax 96 51 56 99
40129 Düsseldorf, Jacques' Weindepot*
Tel. 02 11/3 90 02 63, Fax 3 90 92 68
40233 Düsseldorf, Wine Island
Tel. 02 11/7 30 83 91
40597 Düsseldorf, Impala Weine aus Südafrika
Tel. 02 11/7 10 38 88, Fax 7 10 38 99
45128 Essen, Actiengesellschaft Bürgerheim
Tel. 02 01/72 00 36, Fax 7 20 03 70
45133 Essen, Someeno Weinkontor
Tel. 02 01/42 47 41, Fax 41 27 10
45219 Essen, Weinkontor Übersee
Tel. 02 01/97 12 95, Fax 97 12 96
45309 Essen, Weinzeche*
Tel. 02 01/55 00 24, Fax 55 00 25
35390 Gießen, Weinkontor Anita Pfeffermann
Tel. 06 41/3 76 60, Fax 3 58 99
20243 Hamburg, HAWESKO*
Tel. 0 41 22/50 44 33, Fax 5 10 68

22537 Hamburg, Weinhaus Röhr
Tel. 0 40/86 33 41, Fax 8 66 40 03
55218 Ingelheim, Kloos & Kloos
Tel. 0 61 32/43 18 28, Fax 43 13 26
24105 Kiel, Martins Weindepot
Tel. 04 31/8 57 76, Fax 8 57 60
51069 Köln, Dellbrücker Weinhaus Lorenz
Tel. 02 21/68 44 66, Fax 68 44 66
50667 Köln, Fegers & Unterberg & Berts*
Tel. 02 21/9 69 35 90, Fax 96 93 59 25
50674 Köln, Fischers Weingenuss & Tafelfreuden
Tel. 02 21/3 10 84 70, Fax 31 08 47 89
51149 Köln, Les Amis du Vin*
Tel. 0 22 03/93 50 40, Fax 9 35 04 33
68161 Mannheim, Südlandhaus
Tel. 06 21/2 43 02, Fax 2 27 72
35039 Marburg, Weinrebe*
Tel. 0 64 21/48 51 54, Fax 48 51 55
88709 Meersburg, Weinhandlung Georg Hack
Tel. 0 75 32/90 97, Fax 90 99
55424 Münster, Weinhandlung Carl Adelseck
Tel. 0 67 21/9 74 40, Fax 97 44 22
65527 Niedernhausen, Weinimport Anita Michel*
Tel. 0 61 27/27 60, Fax 55 03
90411 Nürnberg, Carlean Wine Import
Tel. 09 11/52 39 58, Fax 52 39 66
63785 Obernburg am Main, Stellenbosch
Wines Direct*
Tel. 0 60 22/70 38, Fax 70 37
83209 Prien, Afrika-Import
Tel. 0 80 51/6 90 30, Fax 6 21 01
69198 Schriesheim, South African Wines
Tel. 0 62 03/69 20 70, Fax 69 20 73
71063 Sindelfingen, Oechsle's Weinhandel
Tel. 0 70 31/80 63 06, Fax 80 63 06
83684 Tegernsee, Alexander Baron von Essen
Tel. 0 80 22/6 57 66, Fax 6 57 49
54290 Trier, Bernard-Massard*
Tel. 06 51/7 19 60, Fax 7 19 62 90
22087 Uhlenhorst, Uhlenhorster Weinhandlung
Tel. 0 40/22 10 06, Fax 22 51 38
83626 Valley, Kap der Guten Weine*
Tel. 0 80 24/9 33 66, Fax 4 85 22
42103 Wuppertal, Weingalerie Vineritas*
Tel. 02 02/2 62 15 14, Fax 2 62 15 16

W E I N E I N K A U F   I N   S Ü D A F R I K A

Vorwahl Südafrika: 0027, anschließend ist die 0 der Ortsvorwahl wegzulassen.

Vaughan Johnson's Wine and Cigar Shop,
Victoria & Alfred Waterfront, Cape Town 8001
Tel. 0 21/4 19 21 21, Fax 4 19 00 40
Gleich im Eingangsbereich der Waterfront, des wichtigsten Touristen- und Einkaufsviertels von Südafrika, befindet sich dieser Weinladen. Ein wenig chaotisch sieht's drinnen aus, aber bei Vaughan Johnson bekommt man einen guten Querschnitt durch das südafrikanische Weinangebot, dazu preiswerte und tadellose eigene Abfüllungen.

Wijnhuis, Ecke Church und Andringa Streets, Stellenbosch 7600
Tel. 0 21/8 87 58 44, Fax 8 87 80 78
Eine Weinboutique im Herzen von Stellenbosch, gute Einkaufs- und Probiermöglichkeiten, sympathisches Restaurant.

A D R E S S E N   I N   S Ü D A F R I K A

Botschaft der Bundesrepublik Deutschland
180 Blackwood Street, Arcadia, Pretoria
Tel. 0 12/4 27 89 00, Fax 3 43 94 01
Botschaft der Republik Österreich
1109 Duncan Street, Pretoria
Tel. 0 12/46 33 61, Fax 46 11 51
Botschaft der Schweizerischen Eidgenossenschaft
818 George Avenue, Pretoria
Tel. 0 12/43 67 07, Fax 43 67 71
Stellenbosch Tourism & Information Bureau
36 Market Street, Stellenbosch 7600
Tel. 0 21/8 83 35 84, Fax 8 83 80 17
Vintage Cape Tours
Main Road, Paarl 7622
Tel. 0 21/8 72 92 52, Fax 8 62 14 84
Veranstalter von Reisen durchs Weinbaugebiet am Kap.

Hotels im Weinbaugebiet

Bonne Esperance
17 Van Riebeeck Street, Stellenbosch 7600
Tel. 0 21/8 87 02 25, Fax 8 87 83 28
Komfortables, sehr persönlich geführtes Hotel in einer hübschen Villa mit Pool.
Dorpshuis Country House
22 Dorp Street, Stellenbosch 7600
Tel. 0 21/8 83 98 81, Fax 8 83 98 84
Im Herzen von Stellenbosch befindet sich das persönliche Landhotel.
Grande Roche
Plantasie Street, Paarl 7620
Tel. 0 21/8 63 27 27, Fax 8 63 22 20
Ein 5-Sterne-Hotel.
Devon Valley Hotel
Devon Valley Road, Stellenbosch 7600
Tel. 0 21/8 82 20 12, Fax 8 82 26 10
Hoch über den Weinbergen: ein traditionsreiches Haus mit dem sympathischsten – und begabten – Küchenchef des Landes.

Restaurants im Weinbaugebiet

Bosman's
Plantasie Street, Paarl 7620
Tel. 0 21/8 63 27 27, Fax 8 63 22 20
Das Restaurant im Grand Roche-Hotel gilt als eines der besten Südafrikas.
Green Door
Helshoogte Banhoek, Stellenbosch 7600
Tel. 0 21/8 85 17 56, Fax 8 85 12 70
Das Restaurant mit der vielleicht schönsten Aussicht auf die Weinberge, gehört zu Delaire.
Guinea Fowl
Polkadrai Road, Kuils River 7580
Tel. 0 21/9 06 52 32, Fax 9 06 04 89
Restaurant auf der Saxenburg Farm.

A D R E S S E N   I N   D E U T S C H L A N D

Südafrika Weininformation
Rheingauer Straße 38, 65343 Eltville
Tel. 0 61 23/63 04 08, Fax 63 04 12
Internet: www.suedafrika-wein.de

Im FALKEN Verlag sind zahlreiche Titel zum Thema »Wein«
erschienen. Sie finden sie überall dort, wo es Bücher gibt.

Sie finden uns im Internet:
www.falken.de und www.vinoteca.falken.de

Dieses Buch wurde auf chlorfrei gebleichtem und
säurefreiem Papier gedruckt.

Der Text dieses Buches entspricht den Regeln der neuen deutschen
Rechtschreibung.

ISBN 3 8068 7564 2

© 2000 by FALKEN Verlag, 65527 Niedernhausen/Ts.
Umschlaggestaltung: Peter Udo Pinzer
Konzept: Dr. Gerhard Kebbel
Redaktion: Sabine Rumrich, Nieder-Olm;
Ingo Swoboda, Eltville a. Rhein
Schlussredaktion: Regine Gamm
Herstellung: Christina Dinkel
Fotos und Illustrationen im Innenteil: M. Brauner, Karlsruhe; Faber &
Partner, Düsseldorf; FALKEN Verlag; Grauel + Uphoff, Hannover;
U. Kopp, Füssen; Amos Schliack, Hamburg; TLC, Vehlen-Ramsdorf;
Vinum, das internationale Weinmagazin
Karten: Hubertus Hepfinger, Freising

Die Ratschläge in diesem Buch sind von dem Autor und vom Verlag
sorgfältig erwogen und geprüft, dennoch kann eine Garantie nicht
übernommen werden. Eine Haftung des Autors bzw. des Verlags
und seiner Beauftragten für Personen-, Sach- und Vermögens-
schäden ist ausgeschlossen.

Satz: FROMM MediaDesign GmbH, Selters/Ts.
Litho: Lithotronic GmbH, Frankfurt am Main
Druck: Ernst Uhl, Radolfzell

817 2635 4453 6271